びっくりするほど

経営分析がよくわかる本

金児 昭 監修
末松 義章 著

一般社団法人 金融財政事情研究会

はしがき

　本書は、一般にむずかしいと思われている経営分析をわかりやすく解説したものです。

　取引先の現状を把握したり、自らが勤めている会社の財務内容や問題点等を知るためには、経営分析は有効な手段です。

　で̇き̇る̇サラリーマンは、この経営分析のスキルを身につけて、自らのサラリーマン生活を豊かなものにしてください。

　みなさんの人生を豊かなものにするために、本書がお役に立てることを願ってやみません。

　本書は、金児昭先生のご指導を得て、また金融財政事情研究会出版部のご厚意とご尽力を得て、出版の運びとなりましたことを、深く感謝いたします。

平成25年1月

末松　義章

〈監修者紹介〉

金児　昭（かねこ　あきら）

信越化学工業㈱顧問、経済・金融・経営評論家、作家、日本CFO（最高「経理・財務」責任者）協会最高顧問、世界と／または日本「経理・財務」研究学会会長、前金融監督庁（現金融庁）顧問（専門分野「企業会計」）、前公認会計士試験（口述・筆記）・試験委員。
1936年生まれ。
1961年、東京大学農学部農業経済学科卒業、信越化学工業㈱入社、以来38年の間、経理・財務部門の実務一筋。
1992～99年、常務取締役（経理・財務、法務、資材関係担当）。
1995年、平成7年度納税表彰（麹町税務署長）。
1994～97年、公認会計士試験（筆記・口述）・試験委員。
1998年～、新潟大学経済学部、非常勤講師。大東文化大学大学院、非常勤講師。一橋大学国際戦略研究科大学院、非常勤講師。早稲田大学ファイナンス研究科、非常勤講師。文京学院大学大学院経営学研究科、教授。早稲田大学大学院商学研究科、客員教授。
1985年～、日本経営財務研究学会発表（「事業売買と企業力評価」）、日本原価計算研究学会発表（「国際企業と連結決算の実務」「Corporate Accounting in japan」）。
2011年1月1日に「World and／or Japan "Accounting & Finance" Association（世界と／または日本「経理・財務」研究学会）を創立。初代会長。

[著書]

『ビジネス・ゼミナール会社「経理・財務」入門』『経理・財務〈上級〉』『新版・教わらなかった会計』『その仕事、利益に結びついてますか？』『「利益力世界一」をつくったM＆A』（以上、日本経済新聞出版社）、『日本型／世界に広がる超やさしい財務会計』『日本型／世界に広がる超やさしい経営会計』『日本型「経理・財務」事典』『Mr. Chihiro Kanagawa：The Management of The world's Best Business Leader』『How can-do Presidents Use Money』『自由と自己規律』『損益トントンの経営が世界一やさしく分かる本』『金児のBu-Ki（武器＝Weapon）＝Book（決算書）－Keeping（経営＝仕分け）＝Financial Statements－Management（Journalizing）』（以上、税務経理協会）、『Mr. 金川千尋　世界最強の経営』『リーダーのための簿記の本』『社長！1円の利益が大切です』『私がほしかったダンス用語集』（以上、中経出版）、『「経理・財務」これでわかった！』『仕事が10倍うまくいくマイナス思考術』（PHP研究所）、『「できる社長」のお金の使い方』（イースト・プレス）、『ブルースとジルバの早わかりステップ（足型）集』（モダン出版）ほか。著作は139冊。

〈著者紹介〉

末松　義章（すえまつ　よしあき）

1944年東京生まれ。
1968年、慶應義塾大学経済学部卒業、日商岩井㈱入社。同社審査部を経て、㈱ワタエイ出向、同社常務取締役。
1997年、㈱ジェイアール東日本商事入社。同社取締役管理審査部長、㈱ジェイアール東日本マネジメントサービス取締役、東日本旅客鉄道㈱調査役を経て、
2006年、㈱ジェイアール東日本商事顧問。

2005年　千葉商科大学大学院客員教授（現在に至る）。
2007年　甲南大学大学院講師（〜2009年）。
2008年　文京学院大学外国語学部講師（現在に至る）。
2011年　文京学院大学大学院講師（現在に至る）。
2012年　日本CFO協会主任研究委員（現在に至る）。

2010年　千葉商科大学大学院博士課程修了、博士（政策研究）。

［著書］
『実戦で使える与信管理の手引』（商事法務研究会）、『倒産のしくみ』（日本実業出版社）、『営業・財務を強くする与信管理のしかた』『不正経理処理の実態分析』『倒産・粉飾を見分ける財務分析のしかた〔第4版〕』（以上、中央経済社）、『企業審査とリスクマネジメント』（金融財政事情研究会）ほか。

目　次

第1章　決算書の見方について

第1節　貸借対照表……………………………………………………………2
- (1) 貸借対照表の見方——会社をめぐる利害関係者にとって短期・長期の支払能力を判断するもの………………………………………2
- (2) 現金・預金の見方——債務や経費の支払準備のほかに借入金に対する担保の意味合いがある…………………………………………4
- (3) 売掛金と受取手形の見方——回転期間の長さや変化をみることで企業の実態が把握できる……………………………………………6
- (4) 売掛債権回転期間の見方——売掛金・受取手形あわせて商品納入から現金化までの回転期間を比較………………………………8
- (5) 棚卸資産の見方——棚卸資産の回転が速ければ売上好調、遅い場合は在庫の含み損の可能性……………………………………10
- (6) 償却資産の見方——収益力のある企業は減価償却期間を短く、ない企業は長くする傾向……………………………………………12
- (7) 土地の見方——簿価と時価の差による含み益・含み損と、担保の設定状況を調査する………………………………………………14
- (8) 買掛金・支払手形の見方——支払期間の長期化は経営の乱れを、短縮化は粉飾が疑える………………………………………16
- (9) 買掛債務回転期間の見方——買掛金と支払手形の期間のバランスをみて実態を予測する…………………………………………18
- (10) 運転資金負担分析の仕方——資産が増加し負債が減少した場合は不良資産の発生や粉飾の疑い……………………………………20
- (11) 倒産企業の運転資金負担を分析——個別企業と業界の標準との比較、また各期ごとの変化にも注目………………………………22
- (12) 借入金の見方——借入金に関するいくつかの指標を用いて財務

状況を判断する……………………………………………………24
　⒀　純資産の部（自己資本）の見方──総資本に占める自己資本割
　　　合の高さは、企業の安全度や健全度を示す…………………………26
第2節　損益計算書……………………………………………………………28
　⑴　損益計算書の見方(1)──一会計期間のすべての収益と費用を記
　　　載して利益を表示するもの…………………………………………28
　⑵　損益計算書の見方(2)──前期・他社との比較のほかに隠された
　　　営業外での実態を把握する…………………………………………30
第3節　決算書に関する法体系について……………………………………32
　　　企業会計原則と諸法規について………………………………………32

第2章　収益性分析

第1節　総資本利益率…………………………………………………………36
　⑴　基本的考え方…………………………………………………………36
　⑵　売上高利益率…………………………………………………………38
　⑶　総資本回転率…………………………………………………………39
　⑷　倒産企業でみた具体例について……………………………………40
　⑸　自己資本利益率（Return on Equity、ROE）について……………41
第2節　損益分岐分析…………………………………………………………43
　⑴　基本的考え方…………………………………………………………43
　⑵　損益分岐点の算出方法………………………………………………44
　⑶　損益分岐点の位置と安全余裕率について…………………………47
　⑷　収益力向上策について………………………………………………48
　⑸　CVP分析について …………………………………………………48
第3節　付加価値分析…………………………………………………………52
　⑴　基本的考え方…………………………………………………………52
　⑵　付加価値の算出方法…………………………………………………53

(3)　生産性分析···54
　(4)　分配率分析···55
　(5)　具体例···57

第3章　安全性・流動性分析

第1節　静態分析···60
　(1)　静態分析に使われる主な比率··60
　(2)　流動比率の意味と限界··61
　(3)　固定比率の意味··65
　(4)　自己資本比率の意味··67
　(5)　借入依存度の意味··69
　(6)　倒産企業でみた具体例について··70
第2節　回転期間分析···73
　(1)　回転期間分析に使われる主な比率··73
　(2)　売掛債権回転期間の意味と使い方··75
　(3)　棚卸資産回転期間の意味と使い方··77
　(4)　買掛（仕入）債務回転期間の意味と使い方····································78
　(5)　運転資金負担回転期間の意味と使い方··80
　(6)　具体例について··81
第3節　経常収支分析（動態分析）···84
　(1)　利益管理と資金管理の相違点··84
　(2)　収支のバランス··85
　(3)　経常収支の算出方法··86
　(4)　経常収支尻と経常利益との乖離··95
　(5)　事例分析··97
　(6)　キャッシュフローを改善するための主なポイント·····························105

【参考文献】···108

第 1 章

決算書の見方について

第1節
貸借対照表

(1) 貸借対照表の見方──会社をめぐる利害関係者にとって短期・長期の支払能力を判断するもの

貸借対照表の構造

　貸借対照表について、企業会計原則では「企業の財政状態を明らかにするため、貸借対照表日におけるすべての資産、負債及び資本（注）を記載し、株主、債権者その他の利害関係者にこれを正しく表示するものでなければならない」としています。

　（注）　企業会計原則によると、平成18年の会社法改正後も純資産ではなく、資本という表示となっており、資本は純資産の意味と解釈することができる。

　企業は、企業自身で利益を稼ぐことによって資金を自己調達するほか、出資者から出資金を受け入れたり、金融機関に借入れを申し入れたり、仕入先から商品を掛けで仕入れることなどによって、外部より資金を調達します。このようにして調達された資金は、資産や活動費用としてさまざまなかたちで運用されています。

　貸借対照表は、この資金のすべてを調達の源泉別に表示、さらに投下資金の運用形態を資産の種類ごとに分類して記載し、企業の財政状態を示すものです（図表1-1）。

　ここでは、右側（貸方）にこの資金の調達の源泉が表示され、左側（借方）に投下資金の運用形態が表示されています。

　貸借対照表には、会社の財政状態を、会社をめぐる利害関係者に明瞭にわかりやすく表示することが要求されます。それによって、会社の財務の安全性の判断ができるようになります。具体的には、資産の分類を流動資産と固定資産とに分け、短期・長期の支払能力の判断ができるようにされています。

[図表1-1] 貸借対照表の構造

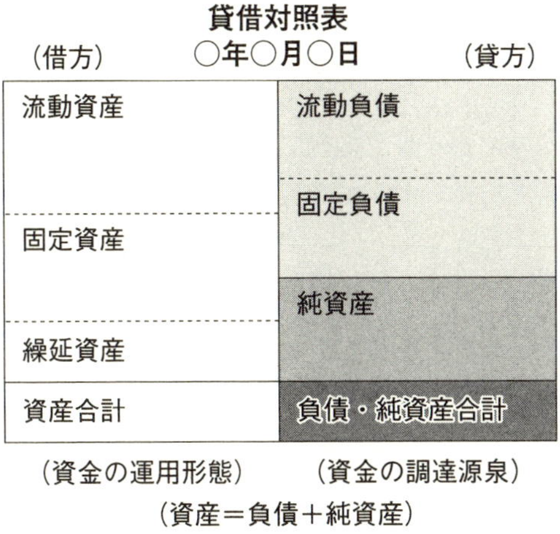

貸借対照表
〇年〇月〇日

（借方）	（貸方）
流動資産	流動負債
固定資産	固定負債
	純資産
繰延資産	
資産合計	負債・純資産合計

（資金の運用形態）　（資金の調達源泉）
（資産＝負債＋純資産）

流動資産・固定資産の分類

流動資産・固定資産は次の2つの基準により分類されています。

① 営業循環基準

　この基準では、会社の主な営業活動のサイクルのなかで生じてくる資産を流動資産としています。たとえば、商品を買ってお金で支払い、それを販売して、現金で回収するという流れですと、「現金→棚卸資産→売上債権→現金」というサイクルのなかの資産を、流動資産としているのです。

　この考えは負債にも適用され、主な営業活動のサイクルで生じる負債は流動負債となります。

② ワン・イヤー・ルール

　営業循環の過程外の項目については、ワン・イヤー・ルールというものがあります。債権についていえば、決算日の翌日から起算して1年以内に回収期限が到来するものを流動資産、1年を超えるものを固定資産とする基準です。

　同様に、負債にも適用され、1年以内に期限が到来する負債は流動負債、1年を超えるものは固定負債として記載されます。

(2) 現金・預金の見方——債務や経費の支払準備のほかに借入金に対する担保の意味合いがある

使える現金・預金がいくらあるか

現金・預金は貸借対照表の流動資産のなかで、最初の項目としてあげられるものです。

商品を掛けで買った場合、後日現金・預金で支払がなされます。したがって、取引先に現金・預金がどれだけあるかが重要なポイントとなります。もし、現金・預金が不足していれば、期日に支払ができず、また、不渡手形を出すことにもなり、倒産につながります。

また、現金・預金には、債務や経費の支払準備という面のほかに、銀行借入金に対する担保として利用されるという面があります。

とりわけ、借入金の多い会社では定期預金、積立預金、通知預金などが金融機関に担保として拘束されている場合が多いものです。したがって、どれだけ債務に充てることのできる現金があるのかを判断する際には、これらの拘束預金を差し引いて、「使える現金・預金」の金額をみる必要があります。

[図表1-2] 現金・預金の意味

```
            現金・預金
           ↙        ↘
  債務や経費        金融機関が
   に対する        担保として
   支払準備        押さえている
                        ↑
                    預貸率で
                    チェック
                   ─────────
                    現金・預金
                   ─────────
                    総借入金
```

預貸率とは

現金・預金が、担保としてどの程度使われているかを示す比率として預貸率が使われます。預貸率は次のように求められます。

$$預貸率（％）＝現金・預金÷総借入金×100$$

一般的には、預貸率が低ければ担保として金融機関に拘束されている現金・預金が少ないといえ、預貸率が高ければその逆ということになります。

預貸率は、金融機関の貸付先に対する信用度で決まります。預貸率の変化を例1に示してみます。

〈例1〉 2009年10月に倒産した㈱M（スポーツ用品卸し）の現金・預金と借入金

	2008年3月期	2009年3月期
現金・預金	2億9,800万円	4億3,400万円
総借入金	23億5,600万円	29億5,700万円
預貸率	12.6％	14.7％

この例では、1年間で現金・預金、総借入金ともふえていますが、預貸率でみると悪化しており、金融機関が警戒をしはじめていることがわかります。

(3) 売掛金と受取手形の見方——回転期間の長さや変化をみることで企業の実態が把握できる

売掛金とは

商取引においては、商品と現金の引き換えが同時に行われるのはまれで、通常は商品を先に渡し、代金は何カ月後かに支払ってもらうというかたち（掛売り）が一般的です。

したがって、支払時期までは取引先に対して売買代金を請求できる権利をもつことになります。このような通常の取引に基づいて発生した営業上の未収金を売掛金といいます。

売掛金回転期間とは

売掛金が何カ月で回収されているかをみるのも、資金繰りの状態を把握するポイントになります。売掛金の残高は、売上高の大きさに比例しますので、売掛金を平均月商（売上高／12カ月）で割って、売掛金の平均的な回収期間（月数で表示）を算出します。

> 売掛金回転期間＝売掛金÷平均月商

売掛金の回収期間は短いほどよく、短ければ資金繰りも楽になります。通常は1.5カ月以内とされますが、これが長期であったり、前期と比べて長期化している場合には、次のような原因が考えられます。

① 不良債権の発生
② 押込販売
③ 商品代金以外の長期の債権の存在
④ 粉飾

受取手形とは

企業間においては、商品の販売代金を手形で支払うことも多くあります。このように、得意先との間で、通常の営業上の取引に基づいて発生した手形債権を受取手形といいます。

受取手形回転期間とは

売掛金の回転期間と同様に、ここでは受取手形の期間（サイト）は何カ月になっているのかをみていきます。受取手形回転期間は受取手形の平均サイトを月数で表示するものです。

> 受取手形回転期間＝受取手形÷平均月商

　手形の振出日から支払日までのサイトが短ければ、それだけ早く資金化できます。したがって、手形サイトは短いほうがよいといえます。
　この回転期間が長期であったり、前期に比べて長期化している場合には、次のような可能性を疑ってみるべきです。
① 不渡手形や手形ジャンプの発生（注1）
② 融通手形の存在（注2）
③ 回収条件の悪化
④ 粉飾
　（注1）　手形ジャンプとは、手形期日に債務者が現金不足のため、現金支払ができないときに、債権者の同意を得て、手形の支払期日を延長することをいう。
　（注2）　融通手形とは、営業取引ではなく、資金調達のために、手形を互いに発行した場合をいう。
　なお、前項の例1であげた㈱Mの、売掛債権の回転期間を例2に示しました。回収サイトが長期化しており、資金繰りが悪化しているのがわかります。

[図表1−3]　売掛金・売掛手形のチェックポイント

〈例2〉　㈱M（例1と同じ）の売掛金・受取手形回転期間

	2007年3月期	2009年3月期	増減
売掛金回転期間	2.57月	3.28月	＋0.71
受取手形回転期間	0.73月	0.96月	＋0.23
合計（売掛債権回転期間）	3.30月	4.24月	＋0.94

売掛金・受取手形
↓
回収期間の長さのチェック
↓
売掛金回転期間

受取手形回転期間　←　回収期間は短いほうがよい
↓
回収期間が長い場合
↓
① 不良債権の発生
② 押込販売
③ 商品代金以外の長期債権の存在
④ 粉飾

(4) 売掛債権回転期間の見方──売掛金・受取手形あわせて商品納入から現金化までの回転期間を比較

資産の肥大化

　企業の資産の大きさは、売上高と密接な関係があります。企業の目的とは、経営に投下した資産を活用して、より多くの売上げ（利益）を求めることです。売上げに対して資産が肥大化していれば、効率が悪くなり、資産のどこかに問題があることになります。

　そこで、資産が平均月商の何カ月分かをみて、資産の大きさの妥当性をチェックします。この方法を回転期間分析といいます。

> 回転期間＝資産（または負債）÷
> 　　　　　平均月商（または平均売上原価または平均仕入高）

売掛債権回転期間とは

　資産の肥大化の最大の原因として、売掛債権の増大が考えられます。ここでは、前項で述べた売掛金と受取手形などを合算した売掛債権として説明します。

　商売で取引先に商品を納入すると売掛金が計上されますが、しばらく経つと、それが手形に変わる場合があります。手形で回収すると、そこから受取手形という勘定になります。この受取手形が最終的には取り立てられて「手形落ち」、すなわち現金に変わるわけです。

　そこで、商品を納入した時から手形が落ちるまでに平均で何カ月かかるかを、売掛債権回転期間でみていきます。

> 売掛債権回転期間＝売掛債権÷平均月商

（注）　売掛債権＝売掛金＋受取手形＋割引手形＋裏書譲渡手形（－前受金）

同業者同士による比較

　例3は、建材販売業を営むA社と同業者であるB社との、売掛債権回転期間の比較です。

〈例3〉 A社対B社（ともに建材販売業）売掛債権回転期間の比較（例5～7参照）

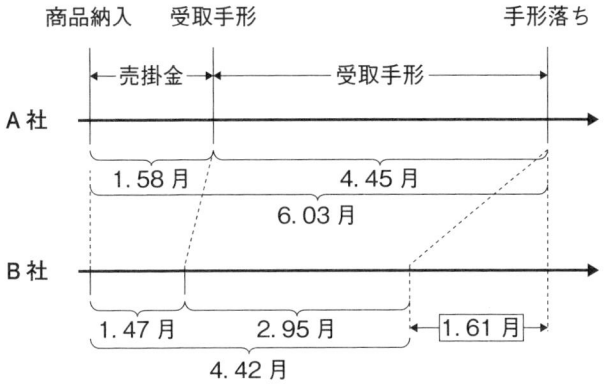

	A　社	B　社
売掛金回転期間	1.58月	1.47月
受取手形回転期間	4.45月	2.95月
計 （売掛債権回転期間）	6.03月	4.42月

　A社はあくまでも平均値ですが、商品を納入してから手形を回収するまでに1.58月、手形になってから現金になるまでは4.45月それぞれかかっています。つまり、商品の納入から手形が落ちるまで（現金に変わるまで）の平均期間（＝売掛債権回転期間）が6.03月かかることになります。常識的な指標からみても、この6.03月は長いといえます。
　一方B社では、売掛金の期間が1.47月で、手形の期間が2.95月、合計で4.42月ですから、A社とB社の差は1.61月となります。A社のほうが、商品を売ってから現金になるのに、1.61だけ時間がかかっているわけです。さらに内訳をB社と比較してみると、売掛金の期間より手形の期間が長くなっています。ここにA社の大きな問題があります。
　なお、このA社の回転期間について、以下の(8)～(10)でもそれぞれ取り上げ、A社の問題点を分析していきます。

(5) 棚卸資産の見方——棚卸資産の回転が速ければ売上好調、遅い場合は在庫の含み損の可能性

棚卸資産の種類

　棚卸資産とは、それを直接販売したり、または加工したうえで販売することを目的として保有する流動資産をいいます。いわゆる「在庫」のことです。棚卸資産には、主に次の4つの種類があります。
① 　商品
② 　製品
③ 　半製品
④ 　仕掛品(しかかり)

　商品とは、商業などを営む会社が、販売の目的をもって所有する物品です。これは主に外部から買い入れて、そのまま外部へ売るものになります。また、不動産業の企業が販売目的をもって所有する土地・建物なども、商品に含まれます。

　製品とは、いわゆるメーカーが自社で製造加工したもので、販売を目的として所有する製造品のことをいいます。

　半製品とは、製品を製造する途中の段階にあるものをいいます。ある一定の製造過程は終了しているものの、全部の工程はまだ終了していない中間品で、しかも、そのままでも販売可能なものをいいます。

　仕掛品とは、完成途上、すなわち未完成の製品のことです。全部の製作工程が終わっていないという点では半製品と同じですが、半製品と異なり、現状のままでは販売することができないものです。

　棚卸資産にはこのほかにも、原油、綿糸など製品をつくるうえでの出発点として使われる「原材料」や、荷造用品や事務用品などを経理処理上、「貯蔵品」としたものも含まれます。

棚卸資産回転期間とは

　棚卸資産がどれだけ回転しているかをみるのが棚卸資産回転期間です。これは、在庫の量の大きさを月数で表示したものです。

棚卸資産回転期間＝棚卸資産÷平均売上原価

（注）　平均売上原価＝売上原価÷12カ月

棚卸資産の回転期間が短い場合は、それだけ売上げが伸びていることになりますが、長い場合には注意が必要です。
　この回転期間には業種によってかなりの差があります。正常な状態ではメーカーで1.5月～2.0月、卸売業では1月以内が一般的です。これが長期であったり前期に比べて長期化している場合には、次のような原因が考えられます。
① 架空在庫（粉飾）の存在
② 過剰在庫の存在
③ デッド・ストックの存在
　架空在庫やデッド・ストックがあれば、在庫に含み損があるわけです。さらに過剰在庫の場合には資金負担がその分だけ過大となっており、いずれにせよ、その大きさを調査する必要があります。

[図表１－４]　棚卸資産のチェックポイント

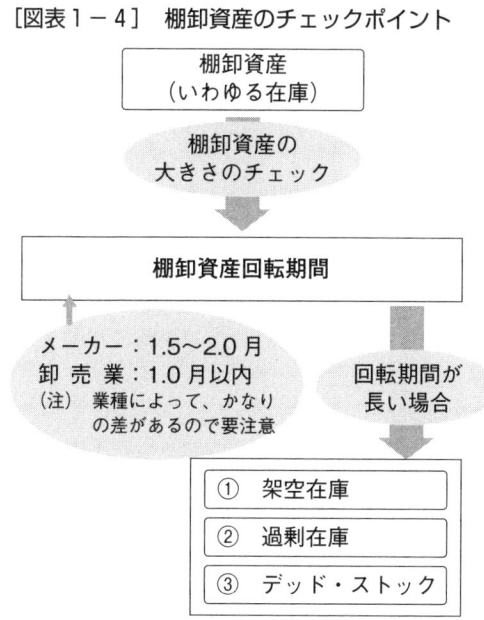

(6) 償却資産の見方——収益力のある企業は減価償却期間を短く、ない企業は長くする傾向

減価償却を必要とする資産

企業の資産のなかには、建物、機械装置、車輛運搬具、工具・器具・備品などといった、減価償却を必要とするものがあります。

たとえば、社屋として建物を購入した場合、その建物は年々古くなっていき、最後には朽廃します。建物を購入した時、あるいは朽廃した時に一括して費用に計上することも考えられますが、その建物は毎年使用されていて、その年その年の収益をあげるのに貢献したはずです。したがって、毎年の費用として、計上するのが筋であるといえます。毎年費用として計上するために用いられるのが減価償却費といわれるものです。

すなわち、(減価償却をする)資産の取得価額を簿価として記帳し、使用可能な期間にわたって、毎期相当額を費用化したものが減価償却費です。

ただし、減価償却は費用として計上するといっても、現金の支出を伴うわけではありません。社屋としての建物は、購入時にすでに現金で全額の支払をしているからです。

減価償却期間の目安

減価償却期間は、資産がどういうものかによって異なります。

機械装置の償却期間はおおむね5～15年間、工具・器具・備品が2～5年間、船舶は9～15年間、建物は構造によってかなり異なりますが、長いもので65年、木造住宅で24年と定められています。なお、償却期間は、税法で定められた期間を使用するのが一般的です。

収益力のある企業は資金の回収を早くするために、減価償却期間を可能な限り短くする傾向にあります。逆に、本来の期間よりも減価償却期間を長くしている企業は、あまり収益力がないと考えることができます。

減価償却実施額の見方

損益計算書のなかの経費明細上に減価償却実施額が記載されます。これと償却資産総額の割合(償却資産総額÷減価償却実施額)をみることで、実施額が何年分であるか、また実施額に妥当性があるかをおおまかではありますが、つかむことができます。実施額の多寡により、多ければ収益力があり、少なければ収益力に疑問があると判断できます。

[図表1－5] 償却資産のチェックポイント

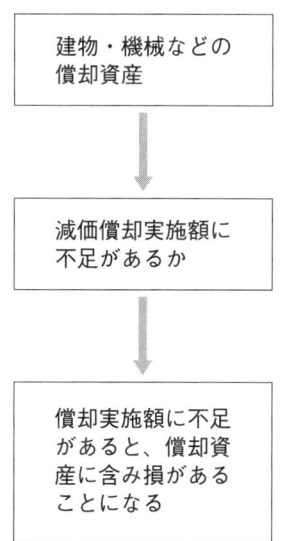

　もし、減価償却の実施がなかったり、計上額が不足している場合には、償却資産のなかに含み損があるわけで、この金額を把握しておくことが必要です。
　例4に示した企業では2004年に減価償却実施額を少なくすることによって、決算上の損失をカバーしようとしたことがわかります。

〈例4〉　2005年11月倒産のN金属㈱（金属加工メーカー）の減価償却実施額

	2003年11月期	2004年11月期
減価償却実施額	1億2,000万円	100万円

第1章　決算書の見方について　13

(7) 土地の見方——簿価と時価の差による含み益・含み損と、担保の設定状況を調査する

土地は減価償却されない

営業の用に供している土地には、事務所用敷地、工場用敷地などがあり、これらは有形固定資産となります。しかし、同じ土地であっても、不動産会社が販売するために保有している土地は棚卸資産として流動資産ということになります。

固定資産である土地は取得価格を簿価として記帳します。土地が他の有形固定資産と異なるところは、使用によって減価しないことです。したがって、土地については減価償却は行われません。

含み益・含み損

土地は取得した価格が基準となりますので、たとえば30年前に1億円で購入した土地は、貸借対照表には原則として1億円と表示されます。

もしこの土地の現在の価格が6億円になっているとすると、この会社には貸借対照表には表れてこない、時価と簿価の差、つまり5億円分が資産として隠れていることになります。この5億円に当たる隠れた資産を、含み益と呼びます。

また反対に、取得価格よりも時価が下がっていれば、その差は含み損ということになります。

このように、土地を所有していれば、地価の変動によって含み益・含み損が形成されることになりますので、与信にあたっては、所有する不動産の公示価格と時価を調べて、含み益・含み損を把握する必要があります。

一般的に、含み益が大きければ信用を与えてもいいのですが、現在のように地価が下がっているときなど、含み損の可能性がある場合は、その会社の資金繰り状況を調べてみる必要があります。

担保設定状況の確認

銀行は、融資をする際に不動産担保を取得するケースが多く、登記簿を閲覧することによって、銀行の融資状況がわかります。特に、設備投資あるいは売上げが伸びて運転資金を必要としているわけでもないのに、新たに銀行が担保を設定している場合には、資金繰りが多忙になっているのではないかと疑ってみるべきです。

[図表1-6] 土地評価のチェックポイント

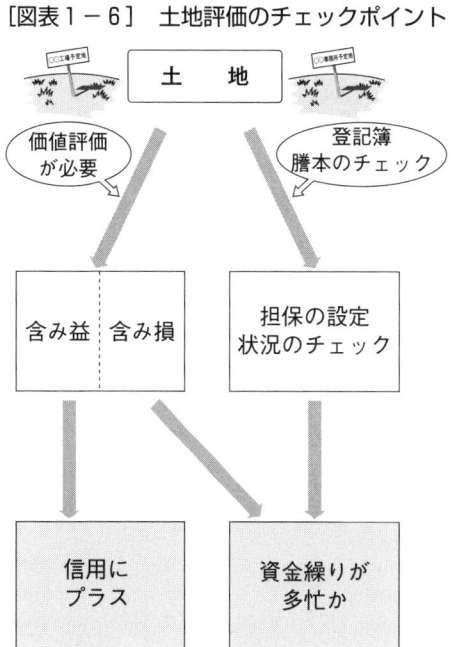

(8) 買掛金・支払手形の見方——支払期間の長期化は経営の乱れを、短縮化は粉飾が疑える

貸借対照表の貸方

これまでは貸借対照表の左側「借方」について述べてきましたが、これからは右側「貸方」について説明していきます。

貸方には、企業がどこから資金を調達したのかがわかるように、資金の調達先が源泉別に表示されます。貸方全体を総資本とも呼びますが、そのうち、負債を表す他人資本と、資本金などによる自己資本に分かれます。

自己資本は返済しなくてもよいのですが、負債は必ず返済しなければなりません。

買掛金と支払手形

買掛金とは、仕入先との通常の取引に基づいて発生した営業の債務をいいます。ここでいう通常の取引とは、商品、原材料の仕入れや外注加工の発注などのことです。

支払手形とは、通常の営業上の取引に基づいて発生する手形債務をいいます。手形債務は、約束手形の振出し等によって生じます。

買掛金と支払手形をあわせて、買掛債務（もしくは仕入債務）と総称します。

買掛債務支払期間の変化

会社にとって、買掛債務の支払期間が延びるとその資金繰りは楽になり、逆に短くなると苦しくなります。いずれにしても、買掛債務の支払期間の変化にはいろいろな理由が考えられるので注意が必要です。

買掛債務の支払期間の変化をみるのが買掛債務の回転期間ですが、次項で詳しく説明します。

支払期間が前期に比べて延びている場合には、次のような理由が考えられます。

① 支払先に対して、支払手形の期日延長（ジャンプ）をしている。
② 取引先へ融通手形を発行している。

支払期間の長期化は、資金繰りの多忙化や経営の乱れを示すことがあるので注意を要します。

一方、支払期間が前期に比べて短縮している場合には、次のような理由が

[図表1-7] 買掛債務支払期間の変化

```
           買掛債務
           支払期間
          ↙      ↘
   支払期間が        支払期間が
   前期に比べて       前期に比べて
   延びている場合      短縮している場合

 ① 支払手形の期日延    ① 買掛債務を簿外表
    長をしている         示（粉飾）している
 ② 取引先へ融通手形    ② 信用不安から仕入
    を発行している       先が資金回収を早め
                      てきた
                   ③ 仕入価格値引きの
                      ために支払条件を短
                      縮
```

考えられます。
① 損失カバーのため、買掛債務を簿外表示（粉飾）している場合
② 信用不安の問題から仕入先が資金回収を早めてきたケース
③ 仕入価格値引きのための現金支払、変更など、支払条件の短縮化
などが考えられますので、その理由について詳しく調査をする必要があります。

再びA社の例でみてみると、この2期の間に、0.34月短縮しています。業界標準と比べても0.25月短く、この点だけでも粉飾の疑いがありそうです。

〈例5〉 A社の買掛債務回転期間

	第1期	第3期	業界標準
買掛債務回転期間	4.31月	3.97月	4.22月

（業界標準は東京商工リサーチによる）

第1章 決算書の見方について 17

(9) 買掛債務回転期間の見方——買掛金と支払手形の期間のバランスをみて実態を予測する

買掛債務と売掛債権は対称的

買掛金と支払手形をあわせた買掛債務（もしくは仕入債務）の支払期間の変化をみることは、その企業の実態をつかむうえで重要なポイントです。

ここでは、買掛債務の平均サイト（支払期間）を月数で表した数値を用います。

> 買掛債務回転期間＝買掛債務÷平均仕入高（または平均売上原価）

（注1） 買掛債務＝買掛金＋支払手形＋裏書譲渡手形（－前渡金）
（注2） 平均仕入高＝仕入高÷12、平均売上原価＝売上原価÷12

買掛債務回転期間は、平均仕入高を使って算出します。ただし、考え方として最も正しいのは平均仕入高ですが、仕入高がわからないこともあるので、その場合には平均売上原価を使って算出します。

買掛債務回転期間は、売掛債権回転期間と、まったく対称の関係となります。

期間のバランスも考える

8頁の(4)の売掛債権回転期間の説明で取り上げたA社とB社（ともに建材販売業）を例に、今度は買掛債務回転期間で比較してみましょう。

〈例6〉 A社対B社の買掛債務回転期間の比較（例3、5、7参照）

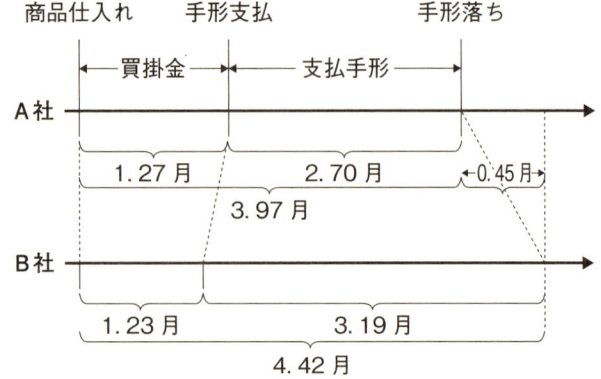

	A　社	B　社
買掛金回転期間	1.27月	1.23月
支払手形回転期間	2.70月	3.19月
計 （買掛債務回転期間）	3.97月	4.42月

　A社の買掛金の回転期間は1.27月になっています。買掛債務回転期間が3.97月ですから、支払手形の期間は2.70月となります。つまり、A社では、商品を仕入れてから支払手形に変わるまで（買掛金の状態）、平均的に1.27月かかり、支払手形振出からその手形が決済されるまでに平均的に2.70月かかっているということになります。

　仕入れから決済までで考えると、A社は商品を仕入れてから、手形を振り出し、そしてその手形が決済され最終的に現金払いがされるまでの期間が平均的に3.97月かかるということを意味しています。

　一方、B社は、買掛金の期間が1.23月、支払手形の期間が3.19月、これを合計した買掛債務回転期間が4.42月となっています。両社を比較すると、A社のほうが合計で0.45月短くなっています。

　つまり、(4)で述べたように、A社は回収が遅くて支払が早い、というパターンとなっています。B社に比べてA社の資金繰りの状態はよくないといえますが、粉飾も含めて信用度を調べてみる必要があります。

　回転期間というのは、こういう見方をするのです。

⑽ 運転資金負担分析の仕方——資産が増加し負債が減少した場合は不良資産の発生や粉飾の疑い

資産と負債のバランスを表す

貸借対照表の左側（借方）に、売掛債権（売掛金と受取手形）と棚卸資産があります。この2つと右側（貸方）の負債にある買掛債務は、商売を行うと必ず発生するものです。商品を仕入れると、当然、買掛債務（買掛金と支払手形）と棚卸資産（在庫）が発生し、その在庫を売って売掛債権が発生するからです。この売掛債権、棚卸資産、買掛債務の3つをあわせて運転資金といいます。

これら資産と負債のバランスを運転資金負担といい、次のような関係にあります。

> 運転資金負担＝売掛債権＋棚卸資産－買掛債務

この3つのバランスは、必ずとはいえないものの、一般的には買掛債務のほうが小さくなります。その結果、資金負担が発生します。

普通の企業は、これをカバーするために、受け取った手形を割り引いて資金を調達したり、短期借入金でこの部分を補填します。

また、運転資金負担を平均月商で割って、回転期間を求めることもできます。

> 運転資金負担回転期間＝運転資金負担÷平均月商

粉飾を疑うケース

企業が粉飾を行う場合には、この運転資金を使うことが多く、一般的に次の方法がとられます。

① 売掛債権を実態より過大に表示する。
② 棚卸資産（在庫）を過大に表示する。
③ 買掛債務を過小に表示する。

①～③とも、資産を過大に、負債を過小にすることを意味し、粉飾を行うと運転資金負担が増大することになります。

[図表1-8] 運転資金負担のバランス

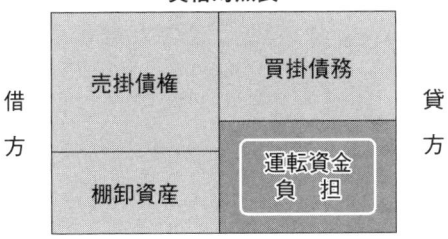

例7は、いままで何度か登場してきたA社とB社の回転期間の比較をまとめたものです。

〈例7〉 A社対B社の運転資金負担回転期間の比較（例3、5、6参照）

	A 社			B 社
	第1期	第2期	第3期	
売掛債権回転期間	5.84月	5.77月	6.03月	4.42月
（売掛金回転期間）	(1.58月)	(1.58月)	(1.58月)	(1.47月)
棚卸資産回転期間	0.82月	0.78月	0.82月	0.59月
買掛債務回転期間	4.31月	3.93月	3.97月	4.42月
（買掛金回転期間）	(1.18月)	(1.28月)	(1.27月)	(1.23月)
運転資金負担（百万円）	1,033	1,096	1,204	
運転資金負担回転期間	2.69月	2.93月	3.21月	0.59月
売上高（百万円）	4,608	4,488	4,500	

　売上げはほぼ横ばいで推移しているにもかかわらず、A社の運転資金負担は毎期ごとに増加しており、その結果運転資金負担回転期間も長くなっているのがわかります。
　運転資金負担の回転期間をB社と比べると、2.62月も長くなっており、前項で説明した買掛債務回転期間の短縮化とあわせて、A社は売掛債権のなかに不良資産の発生や粉飾の疑いがあると分析できます。

(11) 倒産企業の運転資金負担を分析——個別企業と業界の標準との比較、また各期ごとの変化にも注目

では、実際に倒産してしまった3つの企業を例にとって、運転資金負担の分析をしてみましょう。

C工業株式会社（金属プレス製品製造）

第3期におけるC社の売掛債権回転期間は、業界標準からみて約2カ月分滞留しており、棚卸資産回転期間も標準の約2倍の大きさとなっています。

〈例8〉　C工業㈱（金属プレス製品製造）

	第1期	第2期	第3期	業界標準
自己資本比率	5.23%	4.50%	4.65%	16.46%
借入依存度	61.15%	64.46%	70.49%	44.81%
売掛債権回転期間	6.12月	5.16月	5.20月	3.35月
棚卸資産回転期間	0.79月	1.27月	1.57月	0.79月
仕入債務回転期間	4.48月	4.41月	4.13月	2.97月
運転資金負担	401百万円	410百万円	525百万円	—
運転資金負担回転期間	3.06月	2.79月	3.32月	1.17月

さらに第3期では、仕入債務回転期間のサイトが前期と比べて0.28月短くなっており、運転資金負担の増大が目立ちます。

また、運転資金負担の回転期間が業界標準と比べて高く、借入れの依存度が高い状態であったといえます。このケースのように、売掛債権・棚卸資産と仕入債務のバランスを示す運転資金負担が大きい場合は、その原因を調査することが大切です。

なお、例8～10に示した業界標準は、東京商工リサーチによるものです。

D工業株式会社（建設業）

例9をみると、運転資金負担が年々増加しており、同回転期間も第1期の1.49月が第3期には3.48月と大幅に悪化しています。粉飾の疑いもあるので、十分な調査が必要です。

〈例9〉 D工業㈱（建設業）

	第1期	第2期	第3期	業界標準
自己資本比率	3.04%	2.97%	2.88%	13.09%
借入依存度	37.06%	47.58%	51.56%	36.56%
売掛債権回転期間	2.40月	3.03月	3.57月	2.21月
棚卸資産回転期間	2.64月	2.22月	2.97月	2.67月
仕入債務回転期間	3.85月	3.36月	3.31月	2.84月
運転資金負担	2,495百万円	3,637百万円	5,123百万円	—
運転資金負担回転期間	1.49月	2.15月	3.48月	2.04月

E商事株式会社（一般機械器具卸し）
　例10の売掛債権回転期間をみると、売掛債権のサイトが毎期ごとに短くなってはいますが、業界標準と比べるとまだ極端に長く、かなりの不良性資産が混入している疑いがあります。

〈例10〉 E商事㈱（一般機械器具卸し）

	第1期	第2期	第3期	業界標準
自己資本比率	2.39%	2.39%	2.70%	11.15%
借入依存度	57.29%	60.36%	63.59%	33.20%
売掛債権回転期間	11.72月	11.34月	10.32月	5.03月
棚卸資産回転期間	0.44月	0.40月	0.38月	0.87月
仕入債務回転期間	7.73月	6.86月	5.45月	4.91月
運転資金負担	1,176百万円	1,310百万円	1,423百万円	—
運転資金負担回転期間	5.44月	5.72月	6.09月	0.99月

　さらに、仕入債務のサイトが毎期短くなっており、仕入債務圧縮によって、利益を操作した可能性があります。運転資金負担が過大で借入れへの依存度が高く、財務体質が危険な状態にあることがわかります。
　以上のように、倒産する企業は運転資金負担の回転期間をみることで、ある程度の状況が把握できます。また、負担額の大きさを業界標準と比較するとともに、各期ごとの変化にも十分な注意が必要です。

⑿ 借入金の見方——借入金に関するいくつかの指標を用いて財務状況を判断する

借入金の種類

借入金には短期借入金、長期借入金、割引手形、普通社債があります。

短期借入金は決算日より1年以内に返済期限が到来するもので、流動負債となります。また、長期借入金は1年を超えて返済期限が到来するもので、固定負債となります。

割引手形は、受け取った手形を満期日前に銀行に依頼して資金化することをいい、いわば手形を担保にした融資金で、借入金の1つといえます。手形は通常、1年以内の期日が多いため、これを割り引いて資金化した割引手形は、偶発債務として貸借対照表の脚注に表示されていますが、財務分析をするときには、貸借対照表のなかに入れて流動負債の1つとして表示します。

普通社債は、債券として一般の人に発行し、長期にわたって資金を借り入れたものです。株式に転換できる転換社債や新株予約権付社債（ワラント債）は新株予約権として純資産に表示されます。

[図表1-9] 借入金の種類

借入金			
短期借入金	長期借入金	割引手形	普通社債
決算日より1年以内に返済期限がくるもの（流動負債）	1年を超えて返済期限がくるもの（固定負債）	受け取った手形を満期日前に銀行に渡して資金化するもの（流動負債）	一般の人から長期にわたって借り入れるもの（固定負債）

借入金の度合いを示す指標

企業にどのくらいの借入金があるかを判断するのに、主に3つの指標を用います。

① 借入依存度（借入比率）

借入依存度とは、資産を購入するうえで、どの程度まで借入金に依存しているかをみる指標です。

[図表1-10] 借入金の度合いを示す指標

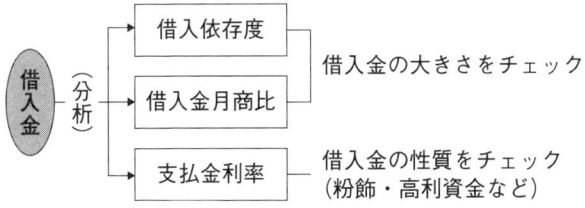

借入依存度＝借入金総額÷総資本

（注1） 借入金総額＝短期借入金＋長期借入金＋割引手形＋普通社債
（注2） 総資本＝純資産＋負債＋割引手形

　借入依存度は業種・規模によって異なりますが、一般的には、総資本の50～60％を超える場合には要注意企業といえます。
② 借入金月商比

借入金月商比＝借入金総額÷平均月商

　借入金月商比が小さい企業は借入金の総額が相対的に少なく、優良といえます。
③ 支払金利率

支払金利率＝支払利息・割引料÷借入金総額

　この支払金利率が銀行の平均の貸出金利と比べて非常に高い場合には、高利の資金からの借入れや粉飾を疑ってみるべきです。
　次に、例11をみてみましょう。借入依存度・借入金月商比ともに高い数値を示し、多額の借入れをしていることがわかります。さらに、支払金利率は非常に高くなっています。この会社では、街の金融業者から高利の借入れがあったためと考えられます。

〈例11〉 2008年3月に倒産した㈱K建設

	借入依存度	借入金月商比	支払金利率
2007年12月期	72.8％	24.5月	5.846％

⒀ 純資産の部（自己資本）の見方──総資本に占める自己資本割合の高さは、企業の安全度や健全度を示す

純資産の部の各項目

会社法における純資産は、株主資本、評価・換算差額等および新株予約権の各部に区分されます。

これは、借入金や買掛金・支払手形など、返済を必要とする負債（他人資本）と異なり、返済の必要性のない資本（自己資本）です。したがって、自己資本が大きい企業ほど安定性が高いといえます。

なお、貸借対照表の純資産の部を表示すると図表1-11のとおりです。

自己資本比率とは

総資本に占める自己資本割合は高いほうがよく、企業の安全度や健全度を示すことになります。この割合を表したものが自己資本比率です。

自己資本比率＝自己資本÷総資本

この比率は業種・業界によって異なりますが、一般的にいって製造業では15～20％以上、卸売業では10％以上あるのが望ましいとされています。

なお、自己資本比率を算出するときは、新株予約権は除きます。

例12に示すように、倒産した企業の自己資本比率をみると、業界標準と比べてもかなり低くなっているのが特徴です。

〈例12〉 倒産した企業の自己資本比率

倒産した企業	自己資本比率	業界標準
E商事（一般機械器具卸し）	2.7％	11.2％
F社（木材卸し）	2.6	10.7
M社（スポーツ用品卸し）	4.1	19.2
C工業（金属プレス製造）	4.7	16.5
D工業（建設業）	2.9	13.1

（業界標準は東京商工リサーチによる）

自己資本比率で自己資本の大きさをチェックした後、資本金、剰余金の各

[図表1-11]

（純資産の部） Ⅰ　株主資本 　1　資本金 　2　資本剰余金 　　(1)　資本準備金 　　(2)　その他資本剰余金 　3　利益剰余金 　　(1)　利益準備金 　　(2)　その他利益剰余金 　　　　○○積立金 　　　　繰越利益剰余金 　4　自己株式 Ⅱ　評価・換算差額等 　1　その他有価証券評価差額金 　2　繰延ヘッジ損益 　3　土地再評価差額金 Ⅲ　新株予約権	←「資本の部」から「純資産の部」に変わった。 ←当期未処分利益（当期未処理損失）にかわるもの。 ←固定資産の投資等にあるその他有価証券を期末に時価評価をした際に生じる簿価との評価差額金を、損益計算書を経由せずに純資産に直入したもの。 ←デリバティブ取引による損益。 ←平成10年3月に施行された土地の再評価に関する法律に基づくもの。再評価は、平成14年3月までとされている。 ←負債の部から移転。

項目のバランスをみる必要があります。最も好ましいバランスは、資本金より利益剰余金の構成が大きい企業です。これは業績が過去コンスタントに好調に推移してきたことを物語っています。

第 2 節
損益計算書

(1) 損益計算書の見方(1)——一会計期間のすべての収益と費用を記載して利益を表示するもの

損益計算書の原則

　損益計算書について、企業会計原則では「企業経営を明らかにするために、一会計期間に属するすべての収益とこれに対応するすべての費用とを記載して経常利益を表示し、これに特別損益に属する項目を加減して当期純利益を表示しなければならない」としています。

　平成18年の改正会社法の施行に伴って、部の表示がなくなりましたが、理解のしやすさから、旧来の部の区分に従って解説します。

営業損益計算

① 売上高
　会社の主たる営業活動によって獲得した収益です。
② 売上原価
　売上高に対応した費用です。
③ 売上総利益（粗利益）
　売上高から売上原価を差し引いたものが売上総利益です。これは粗利益ともいい、すべての利益の源になるものです。

> 売上高－売上原価＝売上総利益（粗利益）

④ 販売費・一般管理費
　製造部門以外の部門である販売・管理部門などの人件費や経費を、販売費・一般管理費といいます。
⑤ 営業利益（営業損失）
　売上総利益から販売費・一般管理費を差し引いたものが営業利益です。

> 売上総利益－販売費・一般管理費＝営業利益

経常損益計算

① 営業外収益

営業外の活動から生じた収益、すなわち、会社の営業活動から生じた収益ではなく、金融上の収益やその他の収益などが含まれます。たとえば、受取利息、受取配当金、仕入割引、雑収入などです。

② 営業外費用

同様に、営業外の活動にかかった費用で、たとえば支払利息・割引料、売上割引、雑損失等です。

③ 経常利益

経常利益は、営業活動によって得た利益に営業外の活動などによって生じた損益を加味した利益で、企業の総合的な力を表すものです。

> 営業利益＋（営業外収益－営業外費用）＝経常利益

純損益計算

① 特別利益

特別利益は、非経常的・臨時的な利益です。固定資産売却益、あるいは投資有価証券売却益などがこれに当たります。

② 特別損失

非経常的・臨時的な損失であり、これには固定資産売却による損失である固定資産売却損、あるいは有価証券（固定資産）の売却による有価証券売却損等があります。

③ 税引前当期利益

税引前当期利益は、経常利益に特別利益・特別損失を加減して得られた利益です。

④ 当期純利益

当期純利益は、税引前当期利益から法人税、住民税と事業税を控除し、法人税等調整額を加減した残額を表す利益です。

> 税引前当期利益－法人税等＋△法人税等調整額＝当期純利益

(2) 損益計算書の見方(2)——前期・他社との比較のほかに隠された営業外での実態を把握する

売上総利益率の見方

売上総利益率は、売上総利益が売上高に対してどのくらいの比重を占めるかをみるものです。その率が大きいほど利幅が大きいことになります。

> **売上総利益率＝売上総利益÷売上高**

売上総利益率は、業種・業界や取引商品の違いによってかなり異なりますが、前期に比べて大きな変動があったり、同一業界の他社に比べて大きな隔たりがある場合には、次の点をチェックすることが必要です。

① 在庫や売掛債権が増加していないか

架空在庫、架空売上げなどによる利益操作の可能性を調べるためです。

② 買掛債務の過少表示はないか

買掛金、支払手形などの買掛債務を簿外処理することなどによる利益操作の疑いはないかをチェックします。

買掛債務を簿外処理すると、その債務は貸借対照表に計上されません。その分流動負債が減少し、同時に利益がふえることになります。

また、損益計算書においては、売上原価が縮小されることになりますので、その分売上総利益が増加するということになります。

③ 減価償却費の計上はあるのか

製造業の場合、製造原価のなかに減価償却費が含まれますが、もしこれが計上されていなければ、その分だけ売上総利益率が向上しますが、実質的には償却資産のなかに、含み損を内蔵していることになります。

営業外収益の見方

投資有価証券売却益や固定資産売却益が計上されている場合には、これらは特別利益に該当するので、これらを除いて、本来の営業外の収益を把握することが必要です。

営業外費用の見方

支払金利率（支払利息・割引料÷借入金総額）が、通常の銀行貸出金利率に比べて大幅に高い場合には、次のような点を疑ってみるべきです。

① 街金などから高利の資金を借り入れていないか。
② 利益操作のため、借入金の一部を簿外処理していないか。
　また、支払利息を有形固定資産へ付け替える等「費用の資本化」による利益操作が行われた場合、金利率は一般的な金利水準に比べて低くなるので、注意が必要です。
③ 決済を延期（ジャンプ）した支払手形はないか。
　③の場合は、延期した期間を金利で調整するためです。

特別利益・特別損失
特別利益では、固定資産の売却益の有無と、その内容を調べることが必要です。
① 貸倒損失の計上がある場合には、ほかに不良債権があるか。
② 役員退職金が発生した背景・理由、内紛の可能性は。

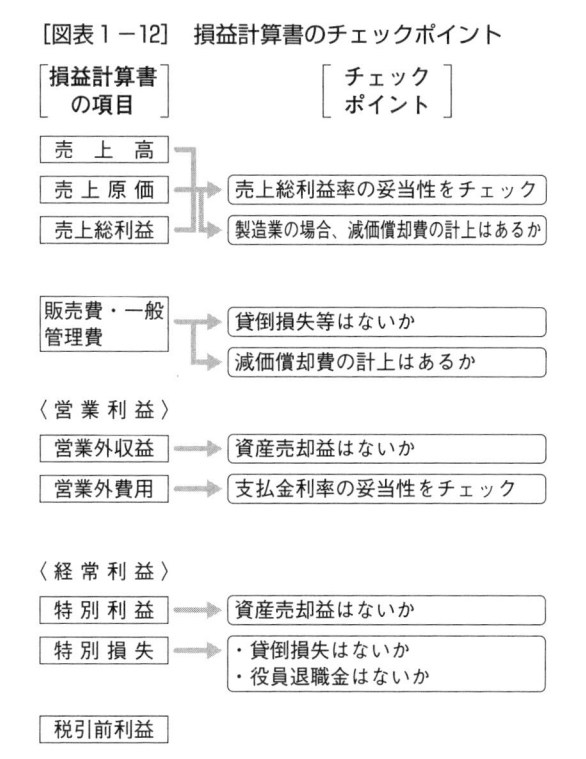

[図表１－12]　損益計算書のチェックポイント

損益計算書の項目	チェックポイント
売上高	
売上原価	売上総利益率の妥当性をチェック
売上総利益	製造業の場合、減価償却費の計上はあるか
販売費・一般管理費	貸倒損失等はないか
	減価償却費の計上はあるか
〈営業利益〉	
営業外収益	資産売却益はないか
営業外費用	支払金利率の妥当性をチェック
〈経常利益〉	
特別利益	資産売却益はないか
特別損失	・貸倒損失はないか ・役員退職金はないか
税引前利益	

第１章　決算書の見方について

第3節
決算書に関する法体系について

企業会計原則と諸法規について

　企業会計原則とは、わが国の企業会計制度の改善統一を図るために設定された企業会計についての根本原則で、昭和24年に経済安定本部企業会計制度対策調査会（後の金融庁企業会計審議会、現在の企業会計基準委員会）が、主としてアメリカの会計原則にならって設定したものです。

　企業会計原則は、企業会計の実務上の慣習のなかから、一般に公正妥当と認められるものを要約したもので、一般原則・損益計算書原則・貸借対照表原則の3部から構成されています。企業会計原則および会計基準は、法的強制力をもっていませんが、これを法制化したものとして、昭和38年に「財務諸表等の用語、様式及び作成方法に関する規則」（略称・財務諸表規則）が施行されています。その後財務諸表規則は頻繁に改正されており、現在では平成23年に改正されています。証券取引所へ上場している企業は、この財務諸表規則に基づいて決算書を作成し、公認会計士または監査法人によって、会計監査を受けなければならないとされています。

　さらに、非上場の株式会社の決算書のあり方は平成18年施行の「会社計算規則」によって規定されています。

　いずれの法規もすべて相互に関連しており、法人組織の違いによって適用される法律が異なっていますが、その考え方は、企業会計原則や会計基準をベースとしたものです。

[図表1-13] 会計の法体系図

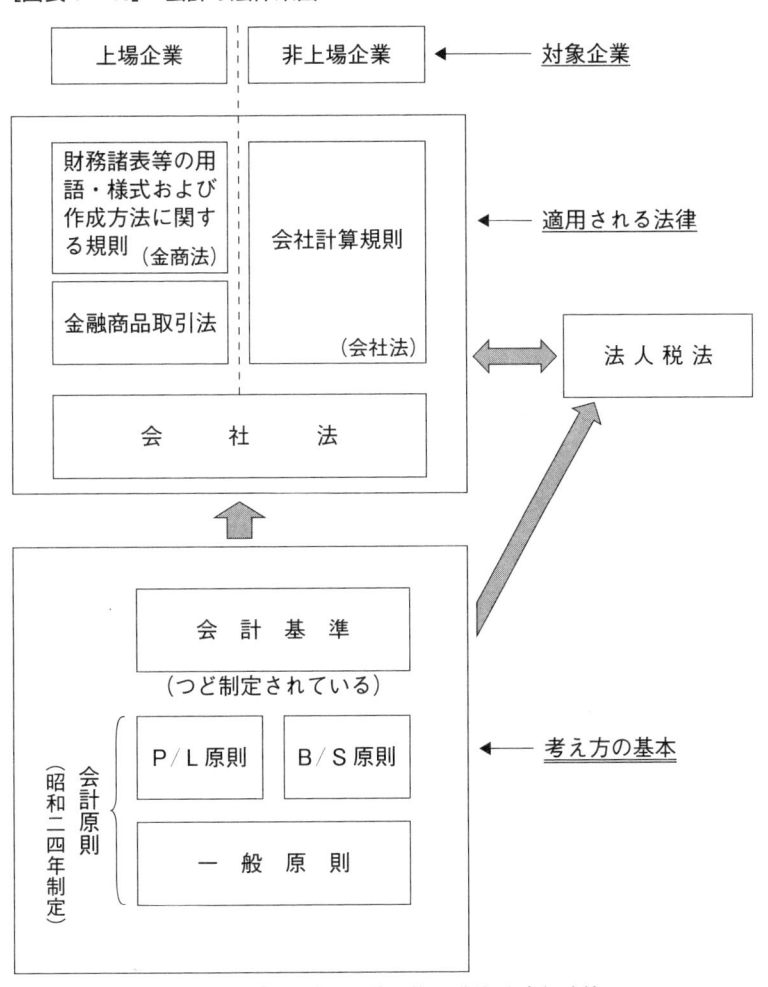

- 対象企業: 上場企業／非上場企業
- 適用される法律:
  - 財務諸表等の用語・様式および作成方法に関する規則（金商法）
  - 金融商品取引法
  - 会社計算規則（会社法）
  - 会社法
  - 法人税法
- 考え方の基本:
  - 会計基準（つど制定されている）
  - 会計原則（昭和二四年制定）
    - P/L原則
    - B/S原則
    - 一般原則

（出所）桜井久勝（2012）『財務会計講義 第13版』中央経済社、P12〜20、P47〜53
　　　末松義章（1995）『営業マンのための決算書の読み方』総合法令、P51〜53

第 2 章

収益性分析

収益性分析としては、
① 総資本利益率による分析
② 損益分岐分析
③ 付加価値分析

以上3つの分析方法がありますが、これらの分析方法はそれぞれ異なった視点から、収益性を分析しています。取引先の収益力の特徴や問題点をそれぞれの観点から分析したうえで、総合的な判断を行うことが必要です。

第 1 節
総資本利益率

> **POINT**
>
> 企業が使っている資本の総額（元手）でどの程度の利益をあげているかをみるもので、資本の効率性をチェックする分析方法といえます。

(1) 基本的考え方

われわれの日常生活では、銀行に預金をしたり、株式へ投資をしたりする場合には、元本（投資額）に対して、どのくらい儲かるかが判断基準となっています。たとえば、A氏とB氏が同じ元本を使って株式投資をしたとすると、

	元　　本	儲け（利益）
A氏	100万円	10万円
B氏	100万円	20万円

上表のように同じ元本でも、A氏よりもB氏のほうが投資効率が高かったことになります。

この考え方を企業経営へ当てはめてみると、「総資本に対する利益」ということになります。すなわち、投下資本に対して、利益の多い企業ほど、投資効率がよい企業といえます。

高度成長期には、利益が増大していくので、資本の効率が低下しても、積

極的に投資を行って、量的拡大を図ることが必要でした。しかし、現在のような低経済成長期には、量的拡大よりも質の経営すなわち効率のよい経営が要請されています。これからは、利益の絶対額ではなく、総資本（元本）に対する利益率（経常利益でみるのが一般的）をみることが必要です。

これを算式で示すと、次のようになります。

$$総資本利益率 = \frac{利益}{総資本}$$

企業は総資本（元本）を使って資産を購入し、この資産を運用して売上げをあげ、使った経費を差し引いた後に利益が残ることになります。すなわち、総資本利益率においては、貸借対照表の下欄にある合計金額（総資本）と利益との関係をみていることになります。

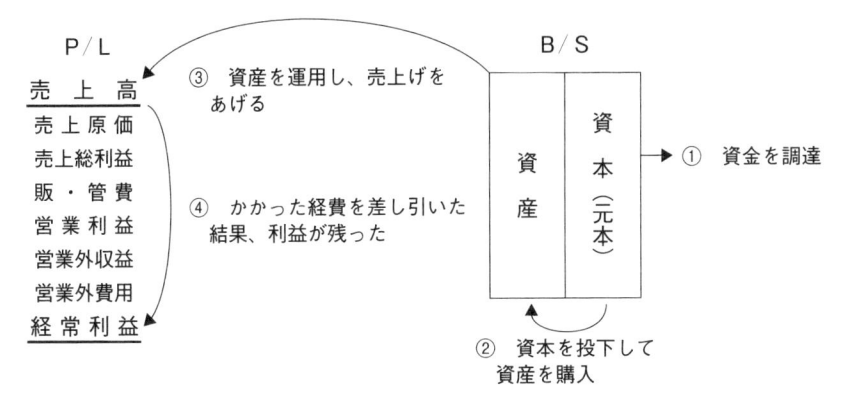

P/L
売上高
売上原価
売上総利益
販・管費
営業利益
営業外収益
営業外費用
経常利益

B/S
資産 ／ 資本（元本）

① 資金を調達
② 資本を投下して資産を購入
③ 資産を運用し、売上げをあげる
④ かかった経費を差し引いた結果、利益が残った

総資本利益率は、売上高を介在させたほうがわかりやすくなります。つまり、売上高利益率と総資本回転率に分解すると、よりわかりやすくなります。

$$\frac{利益}{総資本} = \frac{利益}{売上高} \times \frac{売上高}{総資本}$$
$$(総資本利益率) \quad (売上高利益率) \quad (総資本回転率)$$

≪補足説明≫
① 売上高利益率とは、利益が売上高に対してどのくらいの比重を占めているかをみるもので、その率が大きいほど、利益幅が大きいことを表しています。
② 総資本回転率とは、企業が総資本(元手)を使って、どのくらいの売上高をあげているかを示したもので、その率が大きいほど、効率がよいことを表しています。

(2) 売上高利益率

売上高に対してどのくらいの利益をあげているかという売上高に対する利益幅をみる尺度が売上高利益率の考え方です。総資本利益率を算出するときに使用する利益は経常利益が一般的であり、売上高経常利益率が使われることが多いようです。これを算式で示すと、

$$売上高経常利益率 = \frac{経常利益}{売上高}$$

この売上高経常利益率は高いほうが好ましいのですが、もしあなたの取引先の売上高経常利益率が業界標準値や前期に比べて低い場合には、売上高営業利益率や売上高総利益率へさかのぼって、その原因を追求しておくことが必要です。

(3) 総資本回転率

　総資本回転率とは、企業が総資本（元手）を使って、どのくらいの売上げを達成したかを示したものです。したがって、できるかぎり少ない総資本で、より大きな売上高をあげる企業のほうが、資本の効率が高いことになります。

　たとえば、X社とY社が同じ元手（総資本）を使っており、かつ売上高経常利益率は0.35％で同じですが、売上高の大きさが違っていたとすると、同じ元本でも、X社のほうが資本の効率が高いため、Y社より大きな売上げをあげることができ、その結果として、より多い経常利益を達成することができたことになります。

〈例1〉

	総資本	売上高	経常利益
X社	200億円	1,200億円	4.2億円
Y社	200億円	800億円	2.8億円

	総資本回転率	売上高経常利益率	総資本経常利益率
X社	$\frac{1,200億円}{200}=6.0回$	$\frac{4.2億円}{1,200}=0.35\%$	2.10％
Y社	$\frac{800億円}{200}=4.0回$	$\frac{2.8億円}{800}=0.35\%$	1.40％

　総資本回転率には、業種や業界による特徴があります。たとえば、設備など固定資産をより多く保有しなければならない製造業の場合には、卸売業よりも、総資本回転率が低いのが一般的です。したがって、単純に総資本回転率が高ければよいというのではなく、それぞれの業種・業界のなかで高いかどうかを判断することが必要です。

　もしあなたの取引先の総資本回転率が業界平均の標準値より低かったり、

また、前期に比べて、低くなってきた場合には、資本の効率が低下した原因、すなわち、不良在庫、不良債権等の発生や過大設備投資等を疑ってみるべきです。

(4) 倒産企業でみた具体例について

B工業株式会社（金属プレス製品製造）

〈例2〉

	1期	2期	3期	業界標準
総資本経常利益率	0.94%	1.78	1.87	4.46
売上高経常利益率	1.08%	2.35	2.56	3.14
総資本回転率	0.87回	0.76	0.73	1.42

　B工業は、売上高経常利益率が、業界標準に比べて低いとはいえ、改善傾向にあります。一方、総資本回転率は徐々に悪化しており、回転率そのものは業界標準に比べて約半分の効率です。B工業の最大の問題は、資本の効率性の悪さにあります。B工業の資本の効率が悪い理由を調査することが必要です。

C建業株式会社（建設業）

〈例3〉

	1期	2期	3期	業界標準
総資本経常利益率	0.26%	0.30	0.20	2.82
売上高経常利益率	0.18%	0.21	0.17	2.22
総資本回転率	1.44回	1.43	1.18	1.27

　総資本回転率が業界標準並みである一方で、売上高経常利益率は業界標準に比べて、かなり低い状態となっています。その結果、総資本経常利益率が低く収益力が弱くなっています。C建業と取引をするにあたって、売上高経常利益率が低い理由を調査することが必要です。

D商事株式会社（一般機械器具卸し）

〈例4〉

	1期	2期	3期	業界標準
総資本経常利益率	0.05%	0.01	△1.06	2.47
売上高経常利益率	0.07%	0.01	△1.26	1.73
総資本回転率	0.71回	0.75	0.84	1.43

　D商事は、総資本回転率が低いだけではなく、売上高経常利益率はマイナスとなっています。なぜ資本の効率が低いのか、また欠損の理由を調査すべきです。

(5) 自己資本利益率（Return on Equity、ROE）について

　株主の立場に立って、企業の収益性を分析する場合には、株主に帰属する自己資本（ただし、新株予約権は除きます）と、配当の源資となる当期純利益との関係をみる必要があります。すなわち、

$$自己資本利益率（ROE）= \frac{当期純利益}{自己資本}$$

（注）　自己資本＝株主資本＋評価・換算差額等
　　　　＊新株予約権は除きます。

となります。
　ROEは、企業は株主に帰属するものであるという立場に立った指標です。これは株主が投下した資本に対する収益性であり、株主持分の運用効率を表しています。青木茂男（2012）によれば、「ROEが高ければ、株価も高くなり、配当能力が高くなるから株主にとって重要な利益率である（注）」と指摘しています。

（注）　青木茂男（2012）『四訂版　要説経営分析』森山書店、P178

次に、ROEは下記のように3つに分解をすることができます。

$$\frac{当期純利益}{自己資本} = \frac{当期純利益}{売上高} \times \frac{売上高}{総資本} \times \frac{総資本}{自己資本}$$

⬇

ROE＝売上高純利益率×総資本回転率×財務レバレッジ

すなわち、

① 売上高純利益率は、売上高のうちどの程度の利益が株主帰属分として残ったかを意味します。
② 総資本回転率は、営業活動に投下された総資本に対して、何倍の売上高をあげたかをみる指標です。すなわち資本の効率性をみる指標です。
③ 財務レバレッジは、株主に帰属する自己資本に対して、総資本が何倍に当たるかをみるものです。

$$ROE = \frac{当期純利益}{自己資本}$$

⬇

ROE＝売上高純利益率×総資本回転率×財務レバレッジ

第 2 節
損益分岐分析

POINT

　売上げから費用を差し引いたものが（税前）利益となりますが、この売上げと費用との関係を分析したものが、損益分岐分析です。
　この分析は、費用を変動費（売上げに連動して増減する費用）と固定費（売上げに連動せず固定的に発生する費用）に分解します。さらに売上げから変動費を引いたものが限界利益で、それから固定費を引いたものが（税前）利益となります。
　なお、変動費と限界利益は一般的な呼称ですが、売上げに比例して増減するので、本書では変動費を比例費（proportional cost）、限界利益を比例利益（proportional profit）として記述することといたします。
　この分析によって、取引先の収益構造を知ることができ、基本的な利益改善策を提示することができます。

(1) 基本的考え方

　損益分岐点（Break Even Point、略称B.E.P.）とは、費用がちょうど回収される売上げ、つまり採算点のことです。たとえば、ある企業で、売上高が600のときに、費用が650であるが、売上高が800になると費用も800になり、さらに売上高が1,000になると費用が950となるケースを考えてみると、以下のとおりとなります。

第2章　収益性分析

[図表2-1]

損益分岐点

売上高
利益
費用
欠損

縦軸: 売上高・費用 (1,000, 950, 800, 650, 600)
横軸: 売上高・操業度→ (600, 800, 1,000)

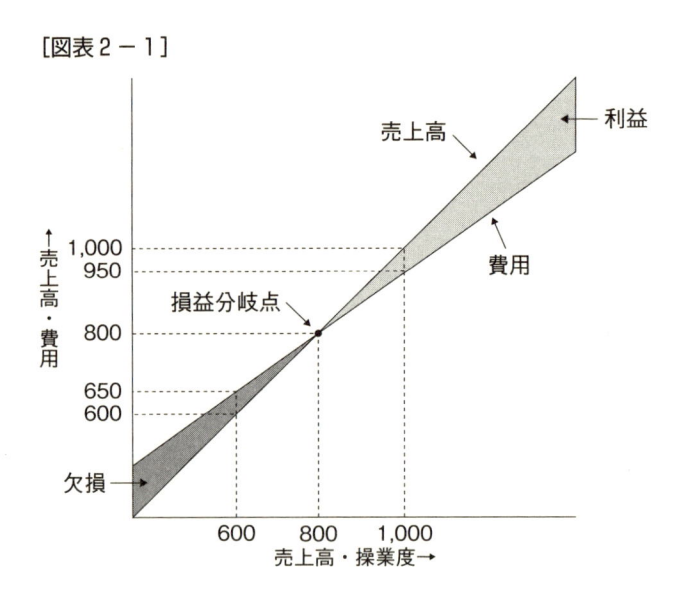

〈例5〉

ケース	売上高	費用	税前利益
①	600	650	△50
②	800	800	—
③	1,000	950	50

　ケース②の場合、売上高と費用が一致し、(税前)利益がゼロとなっていますが、この時の売上高を損益分岐点といいます。
　これを図示すると、図表2-1のとおりです。

(2) 損益分岐点の算出方法

① 損益分岐点算出の公式について
　損益分岐点を求めるためには、まず費用を比例費と固定費へと分解する必要があります。費用には原材料費、仕入高、販売手数料等のように、売上げ

に比例して増減するものと、人件費、減価償却費、支払利息等のように売上げの増減に関係のない固定的なものとがあります。前者を比例費、後者を固定費といいます。

$$損益分岐点売上高 = \frac{固定費}{1 - \dfrac{比例費}{売上高}}$$

(注)　$\dfrac{比例費}{売上高}$ ⟶ 比例費率

　　　1 − 比例費率 → 限界利益率（比例利益率）

たとえば、

売上高	1,000
比例費	−750
比例利益	250
固定費	−200
（税前）利益	50

上記の例の場合の損益分岐点売上高を求めてみると、

$$\frac{200}{1 - \dfrac{750}{1,000}} = \frac{200}{1 - 0.75} = 800$$

800が損益分岐点となります。すなわち損益がトントンとなる売上高です。これを図示すると、図表2−2のとおりになります。

② 分析上の留意点と固定費と比例費との費用分解の簡便法

損益分岐分析では、費用を比例費と固定費に分解することが基本となりますが、これは実務上むずかしい問題を含んでいます。たとえば、

ⓐ 支払利息は固定費として分類されていますが、実際には、売上げの増減によって、影響を受けており、比例的要素が一部あること。

ⓑ また、固定費とされている広告宣伝費も、売上げの状況によって、増減が考えられること。

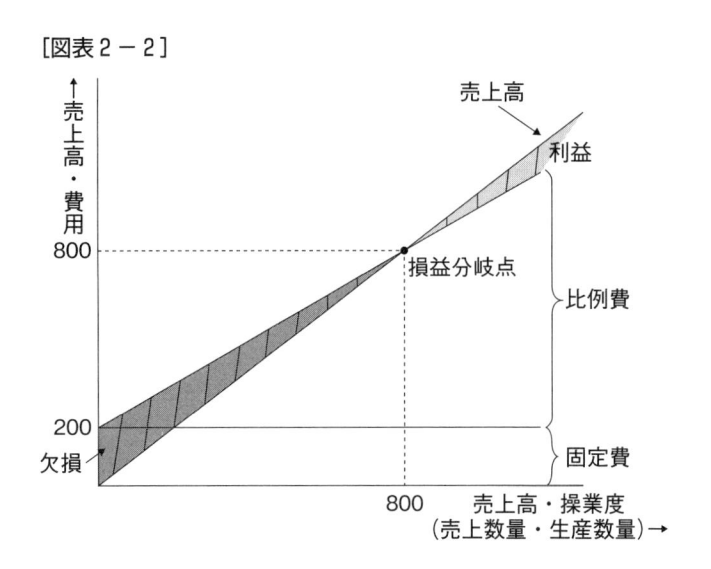

[図表2-2]

（グラフ：売上高・費用の損益分岐点図。縦軸「売上高・費用」、横軸「売上高・操業度（売上数量・生産数量）」。損益分岐点は800。固定費200、欠損、比例費、利益を示す）

等々、費用分解には限界があるため、損益分岐分析には制約があることに留意する必要があります。とはいっても、この分析は企業の収益性をみるうえで、重要な分析手法の1つです。

なお、日本銀行方式による費用分解の簡便法は下記のとおりです。

費用項目			固定費	比例費
売上原価	仕　入　高			○
	在　庫　増　減			○
	製造原価	材　料　費		○
		外注加工費		○
		労　務　費	○	
		そ　の　他	○	
販売費および一般管理費			○	
営業外費用（注）			○	

（注）　ただし、営業外収益との差額で表示。
　　　　筆者が変動費を比例費としました。

この方式によれば、卸・小売業等では、製造原価がないため、売上原価は全額比例費となります。

(3) 損益分岐点の位置と安全余裕率について

損益分岐点の位置とは、現実の売上高のなかに占める損益分岐点の割合をいいます。一方、安全余裕率というのは、損益分岐点の位置を逆の方向からみたもので、具体的には「100－損益分岐点の位置」によって算出されます。

たとえば、

売　上　高　1,000
損益分岐点　　800

$$損益分岐点の位置 = \frac{800}{1,000} \times 100 = 80\%$$

安　全　余　裕　率 $= 100 - 80 = 20\%$

損益分岐点の位置が80％であれば、安全余裕率が20％ということになります。また安全余裕率が20％ということは、現在の売上高が20％低下すると損益はトントンになることを意味します。すなわち、利益がゼロになるまでに

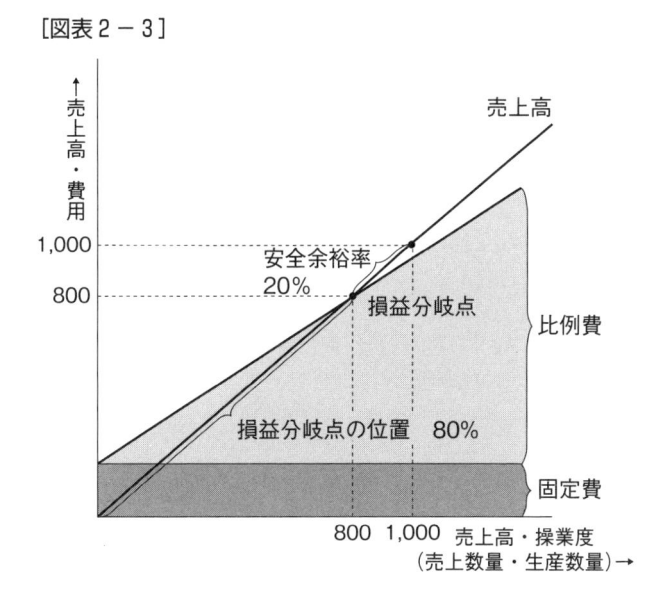

[図表２－３]

は、売上高は20%の減までの余裕を残しているということになるのです（図表2－3）。

(4) 収益力向上策について

以上のような損益分岐分析からみて、収益力を向上させる方策として、次の2点が指摘できます。
① 売上げを増加させ、相対的に損益分岐点の位置を下げる。
② 費用を削減し、損益分岐点の位置を下げる。
　ⓐ 付加価値の高い商品を扱う等によって、比例費率 $\left(\frac{比例費}{売上高}\right)$ を下げる。
　ⓑ 固定費を削減する。

高度成長期には、①は有効な方策でしたが、低成長期になると、必ずしも有効とはいえません。低成長期には、②－ⓐ高付加価値商品を扱うか、②－ⓑ減量経営を行うかのいずれかが最も有効な経営戦略となってきました。

固定費の主な内訳は、人件費、減価償却費、支払金利ですから、減量経営とは、すなわち、
① 人件費の削減
② 遊休資産の売却等による借入金返済など、金利負担の減少
③ 不採算部門の閉鎖または縮小による固定経費の削減
④ 在庫の回転を早め、金利負担を減らす
の4点に絞ることができます。

(5) CVP分析について

CVP分析とは、損益分岐分析の考え方を使い、利益計画達成のために行う内部経営管理のための分析手法です。

CVP分析では、費用（cost）、売上げ（volume）、利益（profit）の関係に注

目し、分析するものです。

売上高＝（比例費＋固定費）＋（税前）利益

の算式で表されますので、（税前）利益を目標利益額に置き換えると、次のような算式が導かれます。

目標利益額＝売上高－比例費－固定費

すなわち、現状の売上高のなかで、目標利益を達成するためには、

① 比例費率 $\left(\dfrac{比例費}{売上高}\right)$ の低減を図る

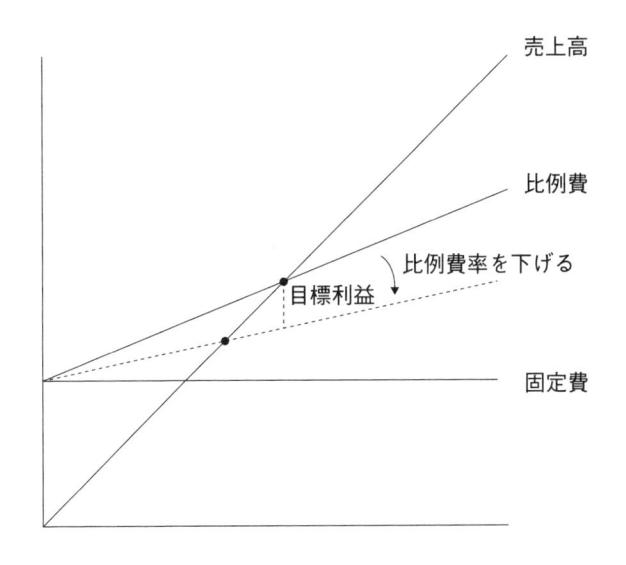

② 固定費の削減を図る

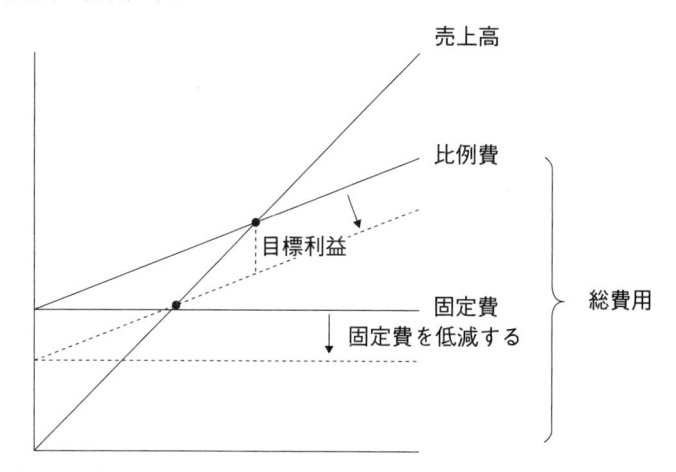

```
                        売上高

                        比例費
                                    }
          目標利益
                        固定費         総費用
                        ↓
                        固定費を低減する
                                    }
```

　固定費を削減することにより、損益分岐点の位置が低下することになります。以上の考え方に基づいて、売上高が伸びないなかで、目標としてかかげた利益を達成するためには、比例費と固定費をどのような組合せで、低減させていくかを計画する必要があります。

　すなわち、前項で一部述べたように、目標利益を達成するためには、
① 比例費を低減する
　ⓐ 高付加価値商品を扱う
　ⓑ 製造過程での原材料品等の歩留りを高める
　ⓒ 少しでも安い商品や原材料を購入する
等によって、比例費率を下げることが考えられます。
② 固定費を削減するには、固定費の主な項目である人件費、減価償却費、支払利息等を縮小することですから、
　ⓐ 人件費の削減
　ⓑ 遊休資産の売却などによる借入金の返済等金利負担の減少を図る
　ⓒ 不採算部門の閉鎖または縮小による固定経費の縮小を図る
　ⓓ 棚卸資産（在庫）の回転を早め、在庫負担を小さくし、金利負担を縮小する

等が考えられます。

比例費

- ⓐ 高付加価値商品を扱う
- ⓑ 原材料の歩留りを高める
- ⓒ 少しでも安い商品や原材料を購入する

固定費

- ⓐ 人件費の削減
- ⓑ 遊休資産の売却
  ↓
  借入金の返済
- ⓒ 不採算部門の閉鎖
- ⓓ 在庫の回転を早め、金利負担を縮小する

目標利益達成

第 3 節
付加価値分析

> **POINT**
>
> 　企業で新たに創造され、付加された価値（付加価値）は資本、労働等の生産要素の貢献によって生み出されます。
>
> 　この生み出された付加価値は、各生産要素の貢献度に応じて、配分されなければならないものですが、その配分の仕方に、その企業の特徴が表れます。
>
> 　この付加価値分析によって、その企業のもつ哲学・理念の一端を知ることができるとともに、収益改善策についての提案を行うことができます。

(1) 基本的考え方

　ある企業の生産物の価値は、他の企業から購入した価値部分と、その企業で新たに創造し付加した価値部分（付加価値）とからなります。この付加価値は資本、労働等の生産要素の貢献によって生み出されるものであり、その貢献度によって、利潤、賃金というかたちで各生産要素へ帰属するものと考えられています。

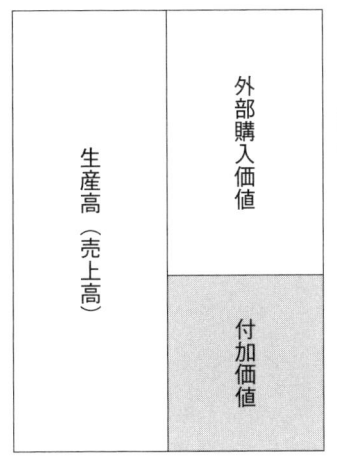

```
生産高
＝外部購入価値＋付加価値
```

(生産高（売上高） ＝ 外部購入価値 ＋ 付加価値 の図)

(2) 付加価値の算出方法

　付加価値の算出方法には、生産高から外部購入価値を控除して算出する控除法と、生産要素への成果配分額の積上げによって算出する加算法の2つがあります。
　ここでは、最もポピュラーな算出方法である日本銀行方式につき説明を行います。日本銀行方式は加算法で、その付加価値構成項目として、
① 人件費
② 金融費用（支払利息）
③ 減価償却費
④ 賃借料
⑤ 租税公課
⑥ 経常利益
以上6項目の合計としています。
　日本銀行方式による付加価値構成項目の内容を具体的に示すと、次のとおりです。

① 人件費

製造費用中の労務費および販売費・一般管理費中の役員給料・手当、従業員給料・手当、福利厚生費、退職金、退職給付引当金・賞与引当金繰入額等の合計額。

② 金融費用

支払利息・割引料（社債利息を含む）、社債発行差金償却および社債発行費償却の合計額。

③ 減価償却費

製造原価、販売費・一般管理費に計上されたもので、特別勘定に計上されたものは含みません。

④ 賃借料

製造原価、販売費・一般管理費に計上されたもの。

⑤ 租税公課

国税（印紙税、登録免許税、関税等）、地方税（事業税、固定資産税等）および公法上の手数料等の賦課金で製造原価、販売費・一般管理費、営業外費用に計上されたもの。

⑥ 経常利益

有価証券売却益等の資産売却益は控除します。

(3) 生産性分析

付加価値額を投入労働量（従業員数）または総資本で除して、労働または資本1単位当りの付加価値額を求めて、その大きさとトレンドをみるのが、生産性分析です。

$$労働生産性 = \frac{付加価値額}{従業員数}$$

$$資本生産性 = \frac{付加価値額}{総資本}$$

(注) 資本生産性は、売上高を算入することによって、さらに次のように分解できます。

$$資本生産性 = \frac{売上高}{総資本} \times \frac{付加価値額}{売上高}$$
　　　　　　　（総資本回転率）　（付加価値率）

上記算式でわかるように、両生産性ともに、労働または資本1単位当りの付加価値額が大きいほど生産性が高いことになります。

(4) 分配率分析

付加価値構成項目別の構成比のことを、分配率といいます。

① $\dfrac{人件費}{付加価値額} \times 100$

新たに創造された付加価値が、生産要素としての労働（従業員等）に対して、どの程度まで還元されたかをみるもので、労働分配率といいます。

② $\dfrac{支払利息}{付加価値額} \times 100$

付加価値が他人資本としての金融機関等からの借入れに対して、どの程度まで還元されたかをみるもので、金融費用分配率といいます。

③ $\dfrac{賃借料}{付加価値額} \times 100$

生産をするのに必要な土地・建物・機械等を他人から借りている場合には、賃借料が発生しますが、この賃借している土地・建物・機械等へどのくらいの配分を行ったかをみるものです。

④ $\dfrac{租税公課}{付加価値額} \times 100$

国および地方自治体が整備した経済的な基盤すなわちインフラ・ストラクチュアをベースとして、企業は安定した経済活動を営むことができます。

この経済的基盤に対する成果配分を租税公課といい、この配分の付加価値

に占める割合を公共分配率といいます。

⑤ $\dfrac{減価償却費}{付加価値額} \times 100$

　生産や営業活動のために購入した建物・機械・車両・備品等の資産やのれん代等の無形固定資産に対する成果配分の割合をみるものです。前述の配分（①～④）がすべて、社外に流出するものであるのに対して、この付加価値の配分は、社外に流出しないで、社内に留保されるものです。

⑥ $\dfrac{経常利益}{付加価値額} \times 100$

　付加価値のうち、利益として残されたものの割合をいい、前述の⑤とあわせて資本分配率といいます。

　以上をまとめて図示すると、次のようになります。

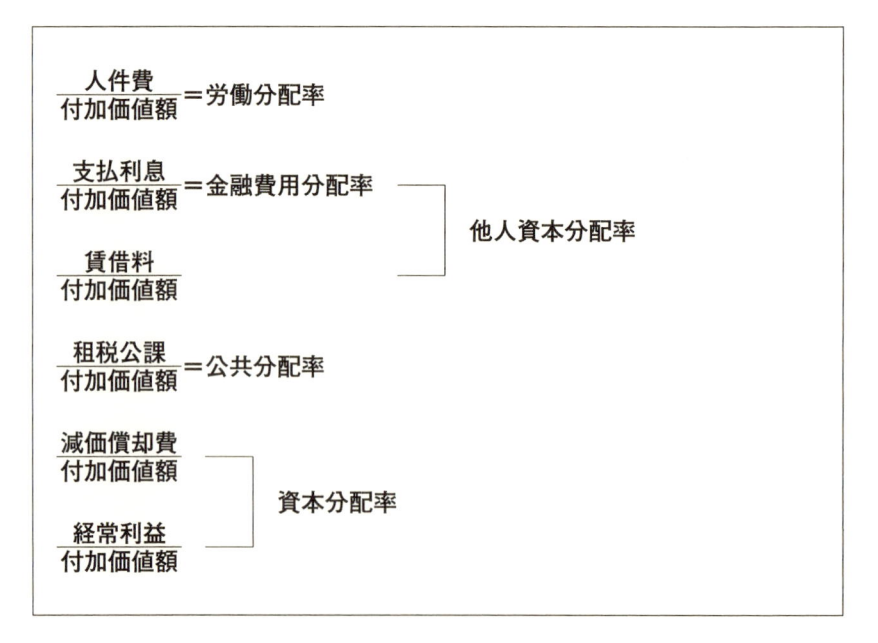

$$\dfrac{人件費}{付加価値額} = 労働分配率$$

$$\left.\begin{array}{l}\dfrac{支払利息}{付加価値額} = 金融費用分配率 \\ \dfrac{賃借料}{付加価値額}\end{array}\right\} 他人資本分配率$$

$$\dfrac{租税公課}{付加価値額} = 公共分配率$$

$$\left.\begin{array}{l}\dfrac{減価償却費}{付加価値額} \\ \dfrac{経常利益}{付加価値額}\end{array}\right\} 資本分配率$$

　分配率分析は、主に同業他社比でみて、付加価値の配分が妥当であるかどうかをみる分析です。

(5) 具体例（例6）

例6は、実在する同業他社のX社とY社の付加価値を一覧表示したものです。

各々の特徴を述べると、

① 生産性の面でみると、X社は、Y社に比べて、資本の生産性が低い反面、労働者の生産性が高くなっています。一方、Y社は、資本の生産性が高く、労働者の生産性が低いことになります。すなわち、相対的にみると、X社は労働者に、Y社は資本にそれぞれより大きく依存し、付加価値を創出しているといえます。

② 分配率の面でみると、X社はY社に比べて、労働分配率が低いものの、金融費用分配率が高く、X社とY社は対照的なかたちとなっています。また、資本分配率（減価償却費＋経常利益）をみると、X社は7.5％、Y社は6.9％となっており、資本生産性の高いY社のほうが資本分配率が低くなっています。

③ 付加価値率をみると、X社は6.5％とY社の10.5％に比べてかなり低く、取扱商品構成等に大きな問題があると思われます。

④ 以上、両者の特徴を要約すると、
 ⓐ X社は、労働者の生産力により大きく頼っていますが、労働者への配分は少なく、金融機関へ付加価値が吸い上げられているのが現状です。X社は、今後、
  ㋑ 資産等を処分し、借入金を返済することと
  ㋺ 付加価値のより高い商品の扱いを増加させること
の2点が大きな経営課題といえます。
 ⓑ Y社は、労働者の生産性に比べて、労働者への付加価値の配分が過大で、資本（減価償却費＋経常利益）への分配が過少となっています。Y社の今後の課題は、

(イ) 人員を適正規模まで減員するとともに
(ロ) 労働者1人当りの生産力をいかに高めるか
にあるといえます。

〈例6〉

	X 社		Y 社	
		分配率		分配率
人 件 費	百万円 873	% 29.8	百万円 333	% 65.8
支 払 利 息	1,711	58.5	99	19.6
減価償却費	95	3.3	13	2.6
賃 借 料	77	2.6	22	4.3
租 税 公 課	47	1.6	17	3.4
経 常 利 益	124	4.2	22	4.3
合　　　計	2,927		506	
売 上 高	45,030		4,820	
付加価値率 $\left(\dfrac{付加価値}{売上高}\right)$	% 6.5		% 10.5	
労働生産性 $\left(\dfrac{付加価値}{従業員}\right)$ (従業員数)	万円 1,361 (215名)		万円 816 (62名)	
資本生産性 $\left(\dfrac{付加価値}{総資本}\right)$	% 6.6		% 14.9	
$\dfrac{売上高}{総資本} \times \dfrac{付加価値}{売上高}$ $\left(\dfrac{総資本}{回転率}\right) \times (付加価値率)$	1.02×6.5		1.42×10.5	

第 3 章

安全性・流動性分析

　企業にとって、取引先が倒産することになれば、これは由々しき問題です。
　倒産とは、要するに支払不能の状態のことをいいます。したがって、経営分析によって、倒産を予測するためには、その企業に支払能力があるか否かを分析することが重要となります。この分析方法を安全性・流動性分析といい、その手段としては、
① 静態分析
② 回転期間分析
③ 経常収支分析（動態分析）
などがあります。
　これら分析方法を使って、取引先の倒産の可能性について、調査をすることは企業にとって、必要な基本動作の1つといえます。

第1節
静 態 分 析

> **POINT**
>
> 静態分析は、貸借対照表の構成要素のバランスをみる分析です。
> 支払義務（負債）がどれだけあるか、またその支払義務に充てうる支払手段（資産）をどれだけもっているか、すなわち、ある一時点における支払手段（資産）と支払義務（負債）の対比により求められる支払能力を静態的な支払能力といいます。

(1) 静態分析に使われる主な比率

静態分析には、主として次の指標が用いられます。

① 流動比率 $= \dfrac{\text{流動資産}}{\text{流動負債}} \times 100$

［補助比率］

   ⓐ 当座比率 $\left(\dfrac{\text{当座資産}}{\text{流動負債}} \times 100 \right)$

   ⓑ 現金比率 $\left(\dfrac{\text{現金預金}}{\text{流動負債}} \times 100 \right)$

   ⓒ 預貸率 $\left(\dfrac{\text{現金預金}}{\text{借入金総額}} \times 100 \right)$

② 固定比率 $= \dfrac{\text{固定資産}}{\text{自己資本}} \times 100$

[補助比率]

 ⓐ 固定長期適合率 $\left(\dfrac{\text{固定資産}}{\text{自己資本}＋\text{固定負債}}\times 100\right)$

③ 自己資本比率 ＝ $\dfrac{\text{自己資本}}{\text{総資本}}\times 100$

[補助比率]

 ⓐ 負債倍率 $\left(\dfrac{\text{流動負債}＋\text{固定負債}}{\text{自己資本}}\times 100\right)$

④ 借入依存度（借入比率）＝ $\dfrac{\text{短期借入金}＋\text{長期借入金}＋\text{割引手形}＋\text{普通社債}}{\text{総資本}}\times 100$

　静態分析には、貸借対照表の構成要素のバランスをみるために、ベースとなる4つの指標と、これらを補うための5つの補助指標で構成されています。

(2) 流動比率の意味と限界

$$\text{流動比率} ＝ \dfrac{\text{流動資産}}{\text{流動負債}}\times 100$$

　流動比率とは、流動資産と流動負債の割合で、流動資産による流動負債への支払能力を表すものです。流動資産が1年以内の支払手段であり、流動負債は1年以内の支払義務であることよりみて、流動比率は100％を超えていることが望ましいとされています。しかし、この比率には次のような問題があります。
① 流動資産のなかに、不良資産、たとえば、滞留債権や滞留在庫が含まれている場合には、流動資産が相対的にその分だけ大きく表示されるために、表面的に流動比率が高くみえることがあります。
② 短期の現金回収で回収が早い一方で、支払は掛け仕入れで相対的に決済

が長い業種、たとえばコンビニエンス・ストア等の場合には、相対的に流動資産が小さく流動負債が大きくなる傾向があります。したがって、流動比率が低くなります。

③　売掛金、受取手形や棚卸資産等の資産を実際より大きく表示したり、買掛金、支払手形や短期借入金等の負債を簿外表示する等によって、粉飾を行っている場合には、流動比率は見かけ上高い比率となることがあります。

貸借対照表

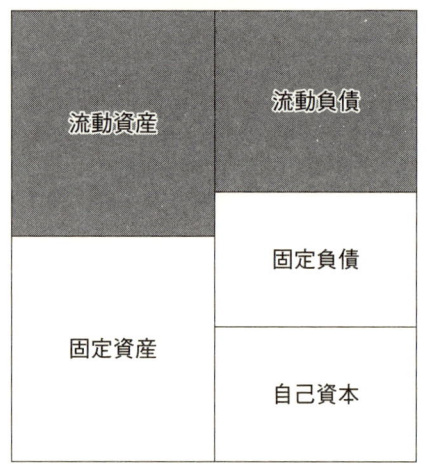

流動資産	流動負債
	固定負債
固定資産	自己資本

≪補助比率≫

① 当座比率

$$当座比率 = \frac{当座資産}{流動負債} \times 100$$

　現金預金、売掛金、受取手形、有価証券など現金化が比較的早いとされている当座性の資産と流動負債の関係をみたもので、比率の高いほうがよいとされています。しかし、この比率には、流動比率と同じ問題点がありますので、注意が必要となります。

貸借対照表

流動資産	当座資産	流動負債
	その他	固定負債
固定資産		自己資本

② 現金比率

$$現金比率 = \frac{現金預金}{流動負債} \times 100$$

　当座資産のなかでも、直ちに決済資金とすることができる現金預金と流動負債との関係をみたもので、高いほうが安全性が高いといわれていますが、次の問題があります。

ⓐ 現金預金の比率が高いということは、別の見方をすれば、現金預金をより多く置いていることになりますので、資金効率の悪さにつながる可能性があります。

ⓑ 負債を簿外表示（粉飾）していれば、この比率は改善されることになります。

貸借対照表

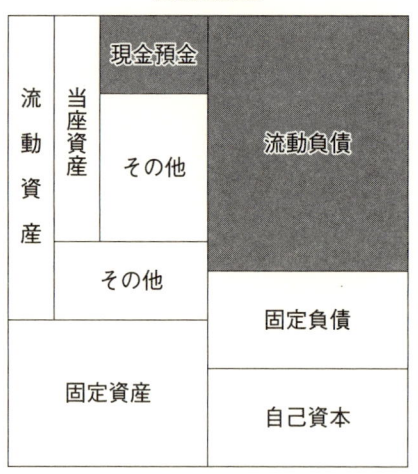

```
┌─────┬─────┬──────────────┐
│     │     │   現金預金    │
│     │当座 ├──────┬───────┤
│流動 │資産 │      │       │
│資産 │     │その他│流動負債│
│     │     │      │       │
│     ├─────┴──────┤       │
│     │   その他    │       │
├─────┴────────────┼───────┤
│                  │固定負債│
│    固定資産       ├───────┤
│                  │自己資本│
└──────────────────┴───────┘
```

③ 預貸率

$$預貸率 = \frac{現金預金}{借入金総額} \times 100$$

　現金預金が借入金に対する担保としてどの程度使われているかをみる比率のことをいいます。

　この比率の問題は、借入金を簿外表示（粉飾）していると、この比率が高くなってしまうことです。

　支払金利率 $\left(\dfrac{支払利息}{借入金総額}\right)$ とあわせて、確認することが必要です。

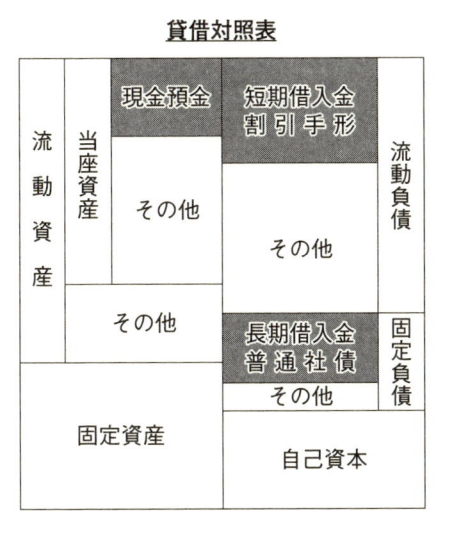

```
                    貸借対照表
        ┌─────┬─────┬─────┐
        │     │現金預金│短期借入金│
        │ 当座 │     │割引手形 │
   流動  │ 資産 ├─────┤     │ 流動
   資産  │     │ その他 ├─────┤ 負債
        ├─────┴─────┤     │
        │   その他    │ その他 │
        │           ├─────┼───
        │           │長期借入金│
        ├───────────┤普通社債 │ 固定
        │           ├─────┤ 負債
        │           │ その他 │
        │ 固定資産    ├─────┴───
        │           │
        │           │ 自己資本
        └───────────┴─────────
```

(3) 固定比率の意味

$$固定比率 = \frac{固定資産}{自己資本} \times 100$$

　固定比率とは、固定資産と自己資本の割合であって、固定資産を購入するに際し、どの程度まで自己資本でまかなったかをみる比率です。固定資産は、その投下資本の回収に長期間を要するので、返済を要しない自己資本でまかなわれていることが望ましく、したがって、100％以下が望ましいとされています。

貸借対照表

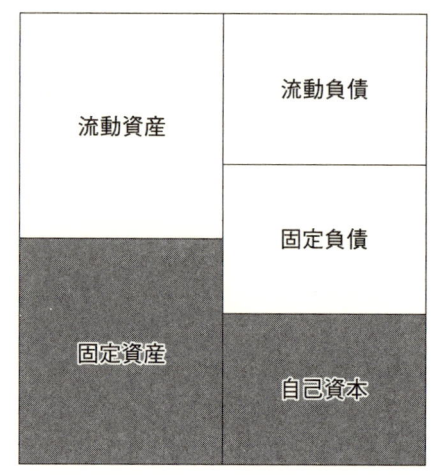

流動資産	流動負債
	固定負債
固定資産	自己資本

≪補助比率≫

固定長期適合率

$$固定長期適合率 = \frac{固定資産}{固定負債 + 自己資本} \times 100$$

　支払期間が長期の固定負債は、固定資産へ投資してもかまわないとされています。

　この比率は100%以内であることが必須で、100%を超えている場合には、短期の資金で固定資産を購入していることになり、健全性に欠けていることになります。

貸借対照表

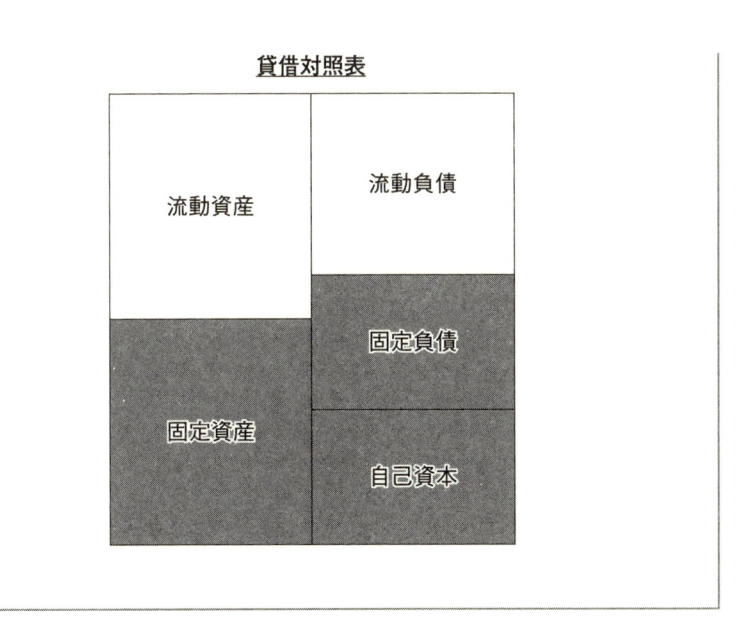

```
|―――――――――――|―――――――――|
|           |         |
|  流動資産  |  流動負債 |
|           |         |
|―――――|―――|―――――――――|
|     |                |
|     |     固定負債    |
|固定資産|                |
|     |―――――――――|
|     |                |
|     |     自己資本    |
|―――――|―――――――――|
```

(4) 自己資本比率の意味

$$自己資本比率 = \frac{自己資本}{総資本} \times 100$$

　総資本に占める自己資本の割合が表示されます。この比率が高いほど、企業の安全度・健全度が高いといえます。すなわち、この比率が高い分だけ、他人からの負債が少なく、すなわち返済を必要とする資本が相対的に少ないということになります。
　この比率は、業種・業界によって異なりますが、一般的にいって、製造業は15〜20％以上、卸売業では10％以上あることが望ましいとされています。

貸借対照表

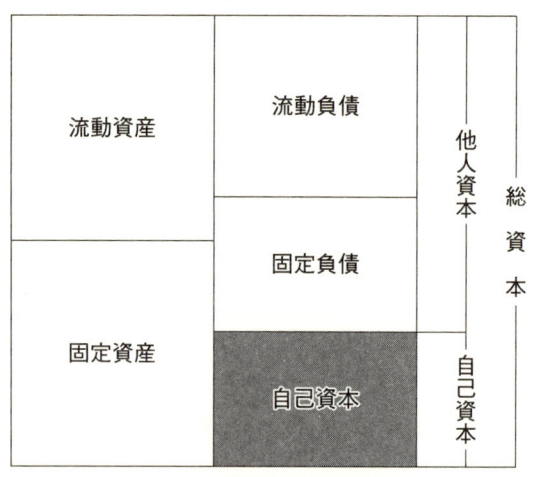

流動資産	流動負債	他人資本	総資本
固定資産	固定負債		
	自己資本	自己資本	

（注）　自己資本比率を算出するときの自己資本は、純資産の部における株主資本と評価・換算差額等の合計とし、新株予約権は除くとする考え方が一般的です。新株予約権付の社債（転換社債およびワラント債）は、株式への転換が必ずしも実行されるわけではなく、その場合には、負債としての普通社債へ転換する可能性もあるためと考えられます。なお、業界標準比率や他社比率と比較する場合、新株予約権を算入しているか否かを確認し、自己資本比率を算出する必要があります。

≪補助比率≫

負債倍率

$$負債倍率 = \frac{流動負債 + 固定負債}{自己資本} \times 100$$

　この比率は、総負債（他人資本）と自己資本の割合です。自己資本には、負債に対する担保という意味があるので、この比率は100％以下であることが理想とされています。

貸借対照表

流動資産	流動負債	他人資本（総負債）	総資本
固定資産	固定負債		
	自己資本	自己資本	

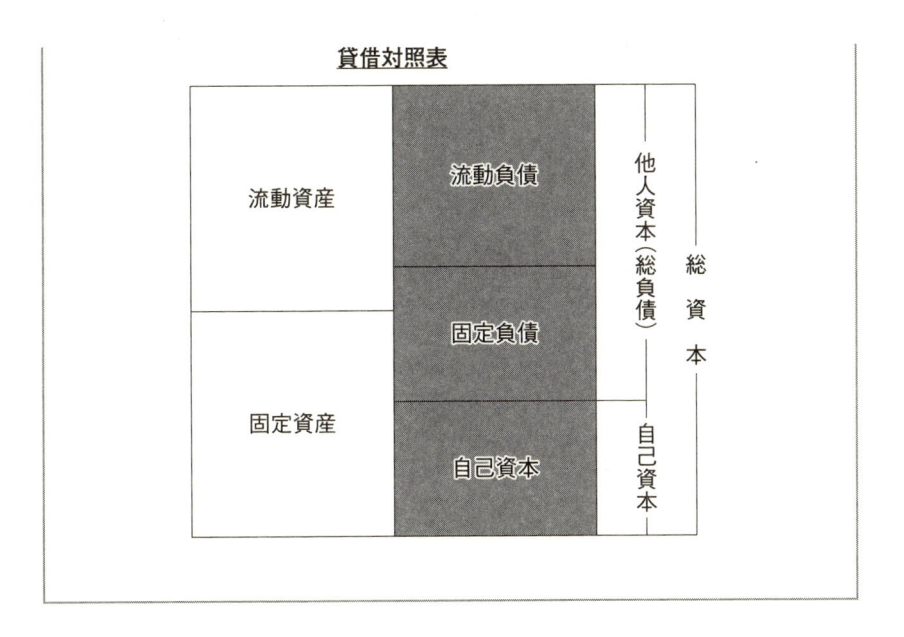

(5) 借入依存度の意味

$$借入依存度 = \frac{借入金総額}{総資本} \times 100$$

（注） 借入金総額＝短期借入金＋割引手形＋長期借入金＋普通社債

　借入依存度は、借入比率や有利子負債比率等ともいわれます。

　借入依存度とは、総資本に占める借入金の割合であって、資産を運用するにあたって、どの程度まで借入金に依存しているかをみる比率です。借入依存度は、業種・業界や規模によって異なりますが、一般的には50～60％を超える場合には要注意企業といえます。

貸借対照表

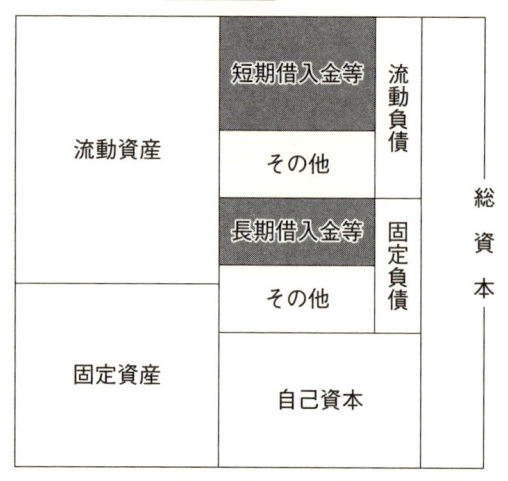

流動資産	短期借入金等	流動負債	総資本
	その他		
	長期借入金等	固定負債	
	その他		
固定資産	自己資本		

(6) 倒産企業でみた具体例について

B工業株式会社（金属プレス製品製造業）

〈例1〉

	第1期	第2期	第3期	業界標準
流 動 比 率	132.13%	164.48%	135.92%	104.83%
当 座 比 率	104.2	119.0	99.98	79.65
現 金 比 率	29.5	41.4	35.36	—
固 定 比 率	510.35	775.23	861.52	201.07
固定長期適合率	66.40	64.22	77.32	92.43
自 己 資 本 比 率	5.23	4.50	4.65	16.46
負 債 倍 率	1,811.57	2,084.13	2,052.36	519.35
借 入 依 存 度	61.15	64.46	70.49	44.81

（業界標準は東京商工リサーチによる）

B工業の第3期をみると、自己資本が僅少（自己資本比率4.65％）にもかかわらず、設備が過大（固定比率861.52％）となっており、この自己資本不足をまかなうために、借入金に大きく依存しています。その結果、借入依存度が70.49％と業界平均（44.81％）に比べてかなり高く、収益力を圧迫していることが推測できます。

次に、流動比率をみると135.92％と業界標準104.83％に比べて高く、この比率をみる限りにおいては安全度が高いことになりますが、当座資産が業界より多い点からみて不良資産や粉飾を内蔵している可能性があります。そのために、流動資産が過大に表示されていないかどうかを調査することが必要といえます。

C建業株式会社（建設業）

〈例2〉

	第1期	第2期	第3期	業界標準
流 動 比 率	102.59％	103.87％	102.36％	110.14％
当 座 比 率	55.04	63.59	56.17	62.50
現 金 比 率	25.37	25.30	22.01	—
固 定 比 率	261.12	250.62	253.61	131.41
固定長期適合率	78.34	69.40	79.10	69.64
自 己 資 本 比 率	3.04	2.97	2.88	13.09
負 債 倍 率	3,193.97	3,262.11	3,368.87	666.12
借 入 依 存 度	37.06	47.58	51.56	36.56

（業界標準は東京商工リサーチによる）

C建業の第3期をみると、流動比率と当座比率は、業界標準並みであり、あまり問題がないようにみえますが、一方、自己資本はきわめて少なく、負債倍率をみると、極端に高くなっています。すなわち、借入金を含めた他人資本への依存度が高くなっており、またそれは期を追うごとに悪化しており、安全性が低下しています。支払能力について早急に調査をすることが重

要といえます。

D商事株式会社（一般機械器具卸売業）

〈例3〉

	第1期	第2期	第3期	業界標準
流 動 比 率	102.14%	111.15%	115.94%	108.88%
当 座 比 率	98.60	107.94	110.31	90.02
現 金 比 率	18.99	19.57	14.17	—
固 定 比 率	465.05	476.50	493.23	108.49
固定長期適合率	86.96	59.12	55.76	67.11
自 己 資 本 比 率	2.39	2.39	2.70	11.15
負 債 倍 率	4,138.56	4,133.55	3,655.60	801.48
借 入 依 存 度	57.29	60.36	63.59	33.20

（業界標準は東京商工リサーチによる）

　第3期をみると、当座比率が業界標準より高く、さらに100％を超えていることから、売掛金、受取手形のなかに、不良債権が含まれているか否かを調べることが必要です。次に、固定比率が業界に比べて、5倍近くも高いにもかかわらず、固定長期適合率が業界標準より低いことから、長期借入金に大きく依存していることがわかります。これは自己資本に比べて、多額の固定資産をもっているためと思われます。さらに、借入依存度が第3期では63.59％と高く、危険水域に達していると思われます。

第 2 節
回転期間分析

> **POINT**
>
> この分析は、資産や負債の大きさの妥当性をチェックするための方法です。企業が、資本を投下して購入した資産の大きさの妥当性と効率性をみるための分析手段であるとともに、資本の調達源泉である負債の大きさをみるための分析方法でもあります。
>
> さらに、運転資金に関する回転期間分析を行えば、粉飾を見抜くことも可能となります。

(1) 回転期間分析に使われる主な比率

具体的には、資産（または負債）の大きさは、売上高と密接な関係があるので、その資産（または負債）が平均月商（または平均仕入高）比何カ月分あるかをみて、その大きさの妥当性をチェックします。以下に主な指標を記すと、

① 売掛債権回転期間

$$\left(=\frac{売掛金＋受取手形＋割引手形＋裏書譲渡手形－前受金}{平均月商}\right)$$

（注）　貸借対照表の本文に記載されている受取手形は、通常手持手形を表しており、割引手形と裏書譲渡手形は、貸借対照表の脚注に別途表示されているケースが多くみられます。したがって、財務分析を行うためには、この割引手形と裏書譲渡手形を手持手形に加算することが必要となります。

なお、前受金は商品を納入する以前に前もって入金した時に処理する勘

定ですので、売掛債権の合計からこの前受金を差し引くことが必要です。

② 棚卸資産回転期間 $\left(= \dfrac{棚卸資産}{平均売上原価}\right)$

③ 仕入（買掛）債務回転期間 $\left(= \dfrac{買掛金＋支払手形＋裏書譲渡手形－前渡金}{平均仕入高または平均売上原価}\right)$

(注) 仕入高が判明しないときは平均売上原価で計算のこと。
　　　裏書譲渡手形は、支払手形と同じ性質のものですが、貸借対照表では脚注で表示されているため、仕入債務に加算する必要があります。
　　　なお、前渡金は商品を購入する以前に前もって支払った時に処理する勘定ですので、仕入債務の合計からこれを差し引くことが必要です。

④ 運転資金負担回転期間 $\left(= \dfrac{売掛債権＋棚卸資産－仕入債務}{平均月商}\right)$

次に、各回転期間について説明を加えていきます。

なお、回転期間分析については、第1章の3～4項、8～11項にかけて説明がありますが、本章では、第1章で掲載している同一の企業A㈱を使いながら、より実務的に解説を行います。

≪補足説明≫

$$平均月商 = \dfrac{売上高}{12カ月}$$

$$平均売上原価 = \dfrac{売上原価}{12カ月}$$

$$平均仕入高 = \dfrac{仕入高}{12カ月}$$

(2) 売掛債権回転期間の意味と使い方

$$売掛債権回転期間 = \frac{売掛債権}{平均月商}$$

　商売で、取引先に商品を納入すると、まず売掛金が計上されますが、しばらく経つと、手形で受け取ることがあります。手形で回収すると、そこから受取手形という勘定になります。この受取手形が最終的には取り立てられて、手形落ち、すなわち現金に変わるわけです。

　売掛債権回転期間というのは、商品を納入したときから手形が落ちるまでに平均何カ月かかるのか、ということを表しています。

　ここでA㈱を例に、具体的にみてみます。

〈例4〉　A㈱　回転期間の推移

	第1期	第2期	第3期	B 社	業界平均
売掛債権回転期間 （売掛金回転期間）	5.84 (1.58)	5.77 (1.58)	6.03 (1.58)	4.42 (1.47)	4.36
棚卸資産回転期間	0.82	0.78	0.82	0.59	0.74
買掛債務回転期間 （買掛金回転期間）	4.31 (1.18)	3.93 (1.28)	3.97 (1.27)	4.42 (1.23)	4.22
運転資金負担（百万円） （月）	1,033 (2.69)	1,096 (2.93)	1,204 (3.21)	(0.59)	※ (0.88)

（注）　B社はA㈱の同業他社。また、※は推定値（業界平均は、東京商工リサーチ編『中小企業経営指標』による）。

　A㈱の第3期の売掛債権回転期間は6.03月で、「売掛金÷平均月商」で算出した売掛金回転期間は1.58月です。

　つまり、あくまでも平均値ですが、商品を納入してから手形を回収するまでに1.58月かかり、また、商品の納入から手形が落ちるまで（すなわち現金

第3章　安全性・流動性分析　75

に変わるまで）が平均的に6.03月かかっているので、手形になってから現金になるまでは4.45月かかっていることを、この指標は表しているわけです。

この関係をわかりやすく図示すると図表3－1のとおりです。

常識的にいって、6.03月は長いといえます。実際に、この指標の業界平均は4.36月となっています。

同業他社のB社は4.42月ですから、A㈱とB社の差は1.61月となります。A㈱のほうが1.61月だけ商品を売ってから現金に変わるのに時間が余計にかかっていることになります。つまりその分だけ、資金負担が大きいといえます。

業界標準等に比べて、売掛債権回転期間が長い場合には、下記①～⑨に示すような理由が考えられます。

① 焦付きの発生　　　　　⑥ 融通手形の存在
② 不渡手形の存在　　　　⑦ 延払等長期回収債権の混入
③ 手形ジャンプの発生　　⑧ 回収条件の悪化
④ 粉飾　　　　　　　　　⑨ その他
⑤ 押込販売

[図表3－1]

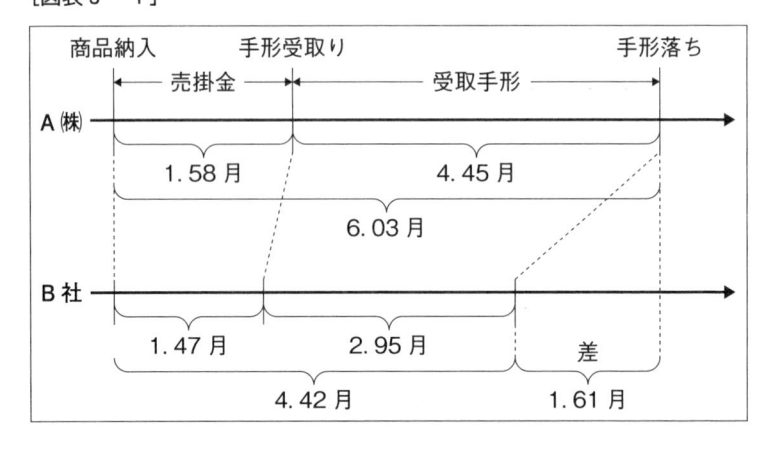

```
         商品納入    手形受取り                手形落ち
              ├── 売掛金 ──┼──── 受取手形 ────┤
A㈱  ─────────────────────────────────────────→
              │  1.58月   │      4.45月      │
              ├──────── 6.03月 ────────┤

B社  ─────────────────────────────────────────→
              │ 1.47月 │   2.95月   │  差   │
              ├──── 4.42月 ────┤  1.61月 │
```

回収が長期化する場合には、いずれにせよ、あまりよい理由は考えられません。

個々のケースごとに調査をし、その原因を把握することが必要です。

なお、A㈱の場合、1.61月（602百万円相当）のうち、0.85月分（320百万円相当）の不渡手形を受取手形のなかに入れて表示していたもので、残り0.75月分（280百万円相当）は粉飾によるものでした。

(3) 棚卸資産回転期間の意味と使い方

$$棚卸資産回転期間 = \frac{棚卸資産}{平均売上原価}$$

棚卸資産（在庫）の量の大きさが月数で表示されます。この回転期間は、メーカーで1.5〜2.0月、卸売業では1.0月以内が通常ですが、業種によってかなりのバラツキがありますので注意が必要です。

この回転期間が長期であったり、前期に比べて長期化している場合には、
① 架空在庫や水増し在庫の存在⇒粉飾
② 過剰在庫の存在
③ デッド・ストックの存在
等の理由が考えられます。

なお、A㈱の場合、0.82月で業界平均0.74月に比べてそれほど大きな差ではありませんでしたが、A㈱を調査した結果では、0.10月相当分（35百万円）のデッド・ストックがあることがわかりました。

(4) 買掛(仕入)債務回転期間の意味と使い方

$$買掛(仕入)債務回転期間 = \frac{買掛債務}{平均仕入高(または平均売上原価)}$$

　買掛(仕入)債務回転期間は、平均仕入高(または平均売上原価)を使って算出します。買掛(仕入)債務回転期間は、売掛債権回転期間とはまったく対照の関係となります。

　前掲のA㈱の買掛金の回転期間は、1.27月になっています。買掛(仕入)債務回転期間が3.97月ですから、支払手形の期間は2.70月となります。つまり、A㈱では商品を仕入れてから支払手形に変わるまで(買掛金の状態)が平均的に1.27月かかり、支払手形振出しから決済するまでに2.70月かかっていることになります。

　一方、B社は買掛(仕入)債務回転期間が4.42月となっています。両社を比較すると、A㈱のほうが合計で0.45月短くなっています。つまり、A㈱は、B社に比べて回収が遅くて、支払が早いというパターンとなってしま

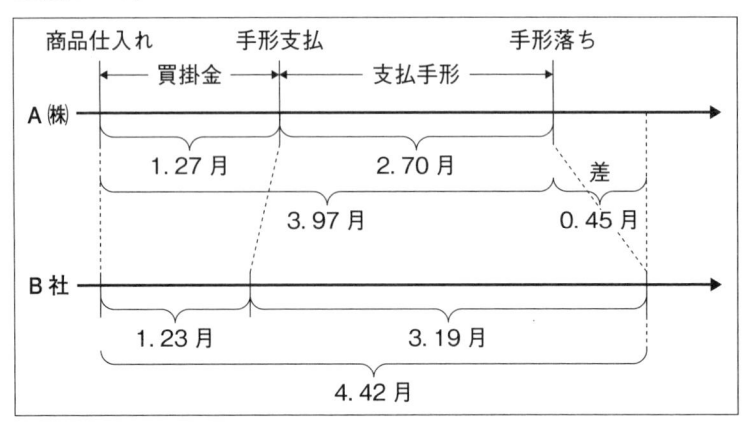

[図表3-2]

```
          商品仕入れ      手形支払              手形落ち
          ├── 買掛金 ──┼──── 支払手形 ────┤
  A㈱ ────┼───────────┼──────────────────┼────差───→
          │   1.27月   │      2.70月      │  0.45月
          ├────────── 3.97月 ────────────┤
  B社 ────┼───────────┼──────────────────┼──────────→
          │   1.23月   │      3.19月      │
          ├──────────── 4.42月 ──────────┤
```

す。
　業界標準等に比べて、買掛（仕入）債務回転期間が短かったり、前期に比べて短縮している場合には、次の理由が考えられます。
① 粉飾。
② 信用不安の問題から仕入先が資金回収を早めてきた。
③ 仕入価格値引きのための現金支払への変更など支払条件の短縮化。
　一方、回転期間が長期化している場合には、次の理由が考えられます。
① 支払先に対して支払手形の期日延長（ジャンプ）をしている。
② 取引先に対して融通手形を発行している。
③ 決済条件の変更。
　回転期間の長期化は、資金繰りの多忙化や経営の乱れを示すことがあるので注意が必要です。
　A㈱がB社に比べて買掛（仕入）債務回転期間が0.45月（150百万円相当）短い理由は、調査をした結果、
　ⓐ 主要取引先の1社が信用不安から資金回収を早めた部分が0.35月分（115百万円相当）で、
　ⓑ 残り0.10月分（35百万円相当）が粉飾によるものであることが判明しました。

―《A㈱についての補足説明》――――――――――――――――
　A㈱の不良要素は
① 売掛債権　602百万円（1.61月）
　　　320百万円（0.85月）不渡手形
　　　280百万円（0.75月）債権水増しによる粉飾
② 棚卸資産　35百万円（0.10月）
　　　35百万円（0.10月）　デッド・ストック
③ 買掛債務　150百万円（0.45月）
　　　115百万円（0.35月）支払先による資金回収短縮化
　　　35百万円（0.10月）債務圧縮による粉飾

④ まとめ

粉飾	315百万円
不渡手形	320
デッド・ストック	35
資金回収短縮化	115
計	785百万円

ということが、判明したことになります。

(5) 運転資金負担回転期間の意味と使い方

$$運転資金負担回転期間 = \frac{運転資金負担}{平均月商}$$

$$運転資金負担 = 売掛債権 + 棚卸資産 - 買掛債務$$

「売掛債権＋棚卸資産」と「買掛債務」のバランスを運転資金負担といい、これを平均月商で除したものを運転資金負担の回転期間といいます。商取引が継続する限り、運転資金負担は恒常的にほぼ同規模で発生するのが通常です。

なんらかの理由で、売掛債権や棚卸資産が大きくなったり、買掛債務が縮小すると、この運転資金負担が大きくなり、回転期間が長期化することになります。

　その場合には売掛債権、棚卸資産、買掛債務のそれぞれの内容について調査することが必要です。

　粉飾を行うときは、総資産（総資本）に占める割合の大きい売掛債権や、棚卸資産または買掛債務を操作するケースが多く、その結果として運転資金の負担が増加することになります。

　この回転期間分析は粉飾を見抜く重要な手段といえます。

(6) 具体例について

A株式会社の場合

〈例5〉　A㈱　回転期間の推移

	第1期	第2期	第3期	B社	業界平均
借入依存度（％）	50.5	54.1	57.3	19.2	34.7
売掛債権回転期間（月） （売掛金回転期間）（月）	5.84 (1.58)	5.77 (1.58)	6.03 (1.58)	4.42 (1.47)	4.36
棚卸資産回転期間（月）	0.82	0.78	0.82	0.59	0.74
買掛債務回転期間（月） （買掛金回転期間）（月）	4.31 (1.18)	3.93 (1.28)	3.97 (1.27)	4.42 (1.23)	4.22
運転資金負担（百万円） （月）	1,033 (2.69)	1,096 (2.93)	1,204 (3.21)	(0.59)	※ (0.88)

（注）　B社はA㈱の同業他社。また、※は推定値（業界平均は、東京商工リサーチ編『中小企業経営指標』による）。

	第1期	第2期	第3期
運転資金負担	1,033百万円	1,096	1,204
		+63	+108
回転期間	2.69月	2.93	3.21
		+0.24	+0.28

　第1期から第2期への運転資金負担の増加は、主に買掛債務の回転期間が短縮したこと、すなわち負債が圧縮したことが主因となっています。第2期から第3期への運転資金負担の増加は、売掛債権の回転期間が延長したこと、すなわち資産が大きくなったことが原因となっています。

　さらに、このA㈱での大きな特徴は、運転資金負担の回転期間そのものが、同業他社や業界平均に比べて、かなり長いことです。その結果、借入依存度がB社や業界平均に比べても高くなっています。ここにA㈱の財務内容の異常性が集約されているといえます。

株式会社M（スポーツ用品卸し）の場合

〈例6〉　㈱M　回転期間の推移

指標＼期	第10期	第11期	第12期	業界平均
売掛債権回転期間（月） （売掛金回転期間）（月）	3.30 (2.57)	4.36 (3.17)	4.24 (3.28)	2.52
棚卸資産回転期間（月）	0.69	0.64	0.40	0.87
買掛債務回転期間（月） （買掛金回転期間）（月）	1.95 (0.65)	2.25 (0.82)	1.42 (0.55)	2.46
運転資金負担（千円） 回　転　期　間（月）	758,001 (2.26)	1,022,272 (3.04)	1,226,433 (3.40)	※ (0.93)
平　均　月　商（千円）	335,173	336,477	360,659	
平均売上原価（千円）	278,250	276,776	300,364	

（注）　なお、棚卸資産回転期間および買掛債務回転期間は平均売上原価で算出。また、※は推定値（業界平均は、東京商工リサーチ編『中小企業経営指標』による）。

㈱Mの事例をみてみると、毎期、運転資金負担が増加傾向にあります。

第10期より第11期への増加は、売掛債権の回転期間が延長したこと、すなわち資産が大きくなったことが主因といえます。

	第10期	第11期	第12期
運転資金負担	758百万円	1,022	1,266
	+264	+204	
回 転 期 間	2.26月	3.04	3.40
	+0.78	+0.36	

次に第11期から第12期への増加は、買掛債務の回転期間が短縮したこと、つまり負債が圧縮したことが原因といえます。

㈱Mの第12期の売掛債権回転期間は、業界平均に比べて1.92月長く、回収が長期になっています。さらに、第12期の買掛債務回転期間は業界平均に比べて、1.04月短くなっています。すなわち、㈱Mは回収が長く、支払が早いため、運転資金負担が大きくなっています。

㈱Mは、その後1年半経って、資金繰りがつかず倒産しますが、主に運転資金負担のなかで約10億円の粉飾をしていました。

第 3 節
経常収支分析(動態分析)

POINT

よく「勘定あって銭足らず」ということがいわれますが、これは、損益計算書上は黒字ながら、資金が不足して資金繰りが苦しい状態のことをいいます。損益計算書が黒字であれば、資金繰りが楽なはずであると考えるのが一般的な常識ですが、企業の資金繰りでは、必ずしもこの考え方は通用しません。資金繰りは現金の収支であるのに対して、損益計算における売上高の計上は代金の収受とは無関係に、商品を出荷した時に行われます。いわゆる信用取引(掛け商売)があるために、現金収支と損益計算は一致しないのです。この現金の収支計算を行うのが経常収支分析なのです。

(1) 利益管理と資金管理の相違点

　損益計算に基づく利益管理と現金収支計算をベースとする資金管理には、次のような相違点があります。
① 利益管理は、収益性の維持および向上が目的とされますが、資金管理は、支払能力の維持が目的であります。
② 利益管理では、一定期間の総収益が総費用を上回ればよいとされています。すなわち、ある月が赤字でも、1年間を通して黒字になれば利益管理の目的は達したことになります。一方、資金管理では、ある一時点すなわち支払時点で、総収入が総支出を上回らなければなりません。仮に下回っ

たときには、不渡手形を出し、倒産へ至ることとなります。
③ すなわち、利益管理と異なり、資金管理における失敗は企業経営の破綻を意味しており、企業にとって絶対に許されないものです。

(2) 収支のバランス

経常収支とは、経常収入と経常支出の差額（現金収支バランス）をいいます。
① 経常収入とは売上収入と営業外収入（資産の売却収入などは除かれ、金利の受取りや雑収入等）の合計です。
② 経常支出は、原材料代・商品仕入代などの支払、人件費の支払、金利の支払、その他諸費用の支払等の合計をいいます。

経常収支とは、企業活動による収支であって、最も基本的かつ重要な収支です。サラリーマンの家計にたとえれば、経常収入は給与収入であり、経常支出は主に生活費に当たります。

生活費をまかなえない状態となれば、預金を取り崩したり、銀行からお金を借りなければなりません。この状態が毎月続けば、雪ダルマ式に借入金が増加し、ついには生活が破綻することになります。

この現金収支のバランスは、具体的には次の2式によって表示されます。

$$経常収支尻＝経常収入－経常支出$$

当然のことながら、プラスであることが望ましく、もしマイナスであれば、資金繰りが苦しいことになります。この経常収支尻は、損益計算書上の経常利益を現金収支のバランスに、置き換えたものといえます。

$$経常収支比率＝\frac{経常収入}{経常支出}$$

経常収支比率は、100％以上であることが望ましいといえます。

(3) 経常収支の算出方法

① 経常収入の算出方法

経常収入は次の算式で計算されます。

経常収入＝売上収入＋営業外収入

ⓐ 売上収入

売上収入は売上高のことではなく、販売代金の現金回収高のことをいい、次の算式で計算します。

売上収入＝期首売掛債権＋売上高－期末売掛債権
**　　　　＝売上高－（期末売掛債権－期首売掛債権）**
**　　　　＝売上高－売掛債権の増**

(注) 売掛債権＝売掛金＋受取手形＋裏書譲渡手形＋受取手形割引高－前受金

≪売上収入算出の基本的考え方≫

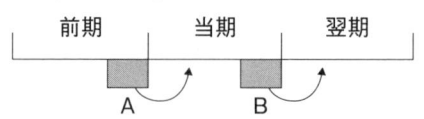

　　　前期　　　当期　　　翌期
　　　　　　A　　　　B

① 前期末売掛債権残高Aは当期の期初に、順次現金で回収されていきます。したがって当期の現金収入につながるものです。
② 当期末の売掛債権残高Bは翌期の期初に順次現金で回収されていきます。したがって、当期の現金収入にはつながりませんが、当期の売上高には反映されています。
③ したがって、当期の現金でみた売上収入は、次の算式で把握するこ

とができます。

$$売上収入 = A + 当期売上高 - B$$

「期末」は当期末の数字をいい、「期首」は前期末の数字のことをいいます。

したがって、上記の算式は次のとおりとなります。

売上収入＝当期売上高－（受取手形の増①＋売掛金の増②－前受金の増③）

① 受取手形の増
＝（当期末受取手形＋当期末裏書譲渡手形＋当期末受取手形割引高）
－（前期末受取手形＋前期末裏書譲渡手形＋前期末受取手形割引高）

② 売掛金の増
＝当期末売掛金－前期末売掛金

③ 前受金の増
＝当期末前受金－前期末前受金

≪補足説明≫
　割引手形と裏書譲渡手形は偶発債務として、一般的には貸借対照表の脚注に表示されていますが、経常収支分析をはじめ財務分析を行うとき

には、貸借対照表のなかに算入することが必要です。すなわち、資産の部では受取手形に加算するとともに、貸方の流動負債にも表示をします。

なお、割引手形とは受取手形を銀行へいわゆる担保として裏書のうえ差し入れ、金利分を差し引いて融資を受けるものです。次に裏書譲渡手形は、受け取った手形を裏書し、仕入先に対して、代金の支払に充当するために手渡した手形をいいます。

割引手形も裏書譲渡手形もともに、受け取った手形に裏書をすることによって、銀行や仕入先に手形に対しての権利を譲渡することになるために、貸借対照表の脚注表示とし、オフバランス化されています。

ⓑ 営業外収入

営業外収入とは、損益計算書上の営業外収益を現金収入高へ置き換えたものです。

営業外収益とは、受取利息、受取配当金や不動産の賃貸料などを指します。これらの収入の未収入分は「未収収益」、前受け分は「前受収益」で計上されるので、営業外収益も売上高と同様に、直ちに全額が現金収入となるわけではありません。そこで、営業外収入は、次のようにして計算されます。

営業外収入
　＝当期営業外収益－（当期末未収収益－前期末未収収益）
　　＋（当期末前受収益－前期末前受収益）

≪営業外収入算出の基本的考え方≫
① 受取利息の場合

銀行に預金をした場合、銀行からの金利は、満期日に一括して受け取ります。そこで決算期をまたがって満期日がある場合、当期中に発生し

ている金利を未収収益として計上することがあります。しかし、この場合には、実際には現金で金利を受け取るわけではないので、売上収入と同じ処理を行います。

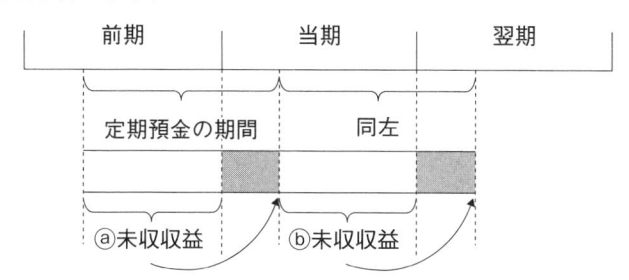

```
         前期        当期        翌期
      ├─────────┼─────────┼─────────┤
      │ 定期預金の期間 │  同左   │
      │   ⓐ未収収益  │ ⓑ未収収益 │
```

> 受取利息の現金収入＝ⓐ＋当期受取利息－ⓑ

② 家賃の場合

不動産を賃貸している場合、借主からは翌月分の家賃を当月に受け取ります。したがって期をまたがった場合には、この前受けした家賃は、当期の現金収入となりますので、次のような処理を行います。

```
    前期    ⓐ    当期    ⓑ    翌期
         3月|4月       3月|4月
```

> 受取家賃の現金収入＝当期受取家賃－ⓐ＋ⓑ

② 経常支出の算出方法

経常支出は、次の算式で計算します。

第3章 安全性・流動性分析

> 経常支出＝費用支払

　費用支払は、いわゆる費用のことではありません。具体的には、材料費、外注費、人件費、その他諸経費、支払利息等の支払のことをいいます。複雑ではありますが、次のようにして算出します。

> 費用支払＝ⓐ費用－ⓑ支払の生じない費用＋ⓒ棚卸資産の増
> 　　　　－ⓓ買掛債務の増＋ⓔ（前払費用の増－未払費用の増）
> 　　　　＋ⓕ負債性引当金の目的支出

　経常収入と異なって、経常支出は複雑でわかりにくい点があるので、以下詳しく説明します。

ⓐ　費　　用

　ここでいう費用とは、損益計算書上の売上原価、販売費・一般管理費、および営業外費用のことをいいます。

> 費用＝売上原価＋販売費・一般管理費＋営業外費用

ⓑ　支払の生じない費用

> 支払の生じない費用＝減価償却費＋諸引当金の繰入れ

　建物や機械などの償却資産には、毎期減価償却費が発生しますが、これは費用として期間配分したもので、実際には現金支出を伴いません。これと同様に、諸引当金の繰入れも現金支出を伴わない費用です。
　したがって、これらのものは現金支出である費用支払のなかから控除する必要があります。

ⓒ 棚卸資産の増加

> 棚卸資産の増加＝当期末棚卸資産－前期末棚卸資産

この算式は、当該期間中に計上された仕入高を、売上原価のなかから抽出するための作業です。すなわち、

　　前期末棚卸資産
　＋当期仕入高
　△当期末棚卸資産
　　売上原価

の算式で売上原価が算出されます。したがって、この算式に棚卸資産の増加を加算すれば「仕入高」だけが残ることになります。

売上原価 $\begin{cases} 前期末棚卸資産 \\ ＋当期仕入高 \\ △当期末棚卸資産 \end{cases}$

＋棚卸資産の増加 $\begin{cases} 当期末棚卸資産 \\ △前期末棚卸資産 \end{cases}$

＝仕入高

ⓓ 買掛債務の増加

これは、売上収入の場合と同様、上記ⓒで算出された仕入高から現金支出を算出するためのものです。すなわち、

　　仕入高－買掛債務増加＝前期末買掛債務＋仕入高－当期末買掛債務

> 買掛債務の増＝（当期末買掛金＋当期末支払手形
> 　　　　　　　＋当期末裏書譲渡手形－当期末前渡金）
> 　　　　　　－（前期末買掛金＋前期末支払手形
> 　　　　　　　＋前期末裏書譲渡手形－前期末前渡金）

買掛債務の増加は、上記算式のとおりです。

─《仕入支出算出の考え方》────────────────────

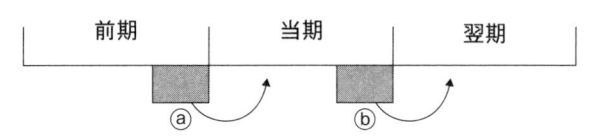

| 前期 | 当期 | 翌期 |

　　　　　　　　ⓐ　　　　　　ⓑ

　前期末の買掛債務残高（ⓐ）は当期の期初から現金で順次支払われます。また、当期末の買掛債務残高（ⓑ）は、当期ではなく、翌期の期初から現金支払が行われますが、当期の仕入高としては計上されています。そこで、当期の現金で支払われる仕入支出は次の算式となります。

```
仕入支出＝ⓐ＋仕入高－ⓑ
　　　　＝仕入高－（ⓑ－ⓐ）
　　　　＝仕入高－買掛債務の増加
```

────────────────────────────────

ⓔ　未払費用、前払費用の増加

　営業外費用には、支払利息などがあります。また、販売費・一般管理費にも、不動産の貸借料などさまざまな経費があります。これら経費のなかで未払い分は「未払費用」、前払い分は「前払費用」で計上されることがあります。

　したがって、営業外費用や販売費・一般管理費も、仕入高と同様にただちに全額が現金支出となるわけではありません。したがって、営業外費用や販売費・一般管理費の現金支出額を算出するためには、調整を行う必要があります。

```
未払費用の増加＝当期末未払費用－前期末未払費用
```

> 前払費用の増加＝当期末前払費用－前期末前払費用

≪経費現金支出算出の考え方≫

支払う側からみて、前もって支払うことを原則とする金利や家賃などは、決算期をまたがると、支払う側と受け取る側とで、仕訳方法が異なってきます。

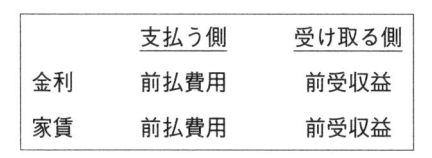

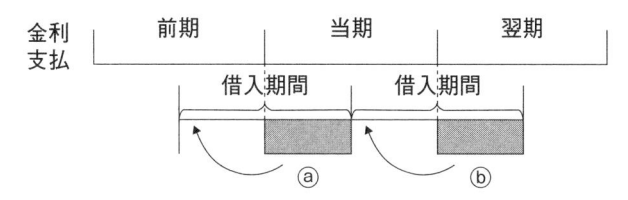

	支払う側	受け取る側
金利	前払費用	前受収益
家賃	前払費用	前受収益

当期分の支払利息（ⓐ）は、前期中に現金で支払ずみです。しかし、当期に支払利息として計上されます。一方、翌期分の支払利息（ⓑ）は、当期中に支払われてしまいます。しかし、支払利息としての計上は翌期となります。そこで、

> 当期支払利息－ⓐ＋ⓑ

の算式によって、当期の現金で支払われた利息を把握することができます。

賃借料も同様の考え方になります。

≪一般経費支出算出の基本的考え方≫

期末の3月に発生した一般経費（雑費等）は、翌月4月に現金で支払われます。この場合、仕訳は、

	支払う側	受け取る側
雑費等	未払費用	未収収益

のようになります。

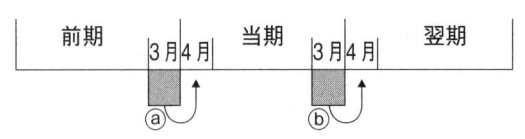

```
前期    3月|4月  当期    3月|4月  翌期
              ⓐ↑            ⓑ↑
```

前期末3月に発生した経費（ⓐ）は、当期の期初4月に支払われます。また、当期末3月に発生した経費（ⓑ）は、翌期の4月に支払われます。しかし、経費としては当期に計上されます。

したがって、

$$ⓐ＋当期経費－ⓑ$$

の算式によって、当期の現金支払の額が判明します。

　ｆ　負債性引当金の目的支出

　負債性引当金としては、退職給付引当金等がありますが、退職金などの費用項目を使わずに、直接支払われることがあります。これを目的支出といいます。

　具体的にいうと、退職給付引当金を戻し入れ、退職金という費用勘定を経由して支払うのが通常のやり方です。しかし、目的支出では退職金を経由せず、引当金の相手勘定を現金として支払います。したがって、この場合には、損益計算書上費用としては計上されないことになります。

　その算出方法は、次のとおりです。

> 引当金の目的支出＝前期末引当金＋当期引当金繰入れ－当期末引当金

③ 経常収支尻算出のための簡便法

前述のとおり、経常収支尻は、

> 経常収支尻＝経常収入－経常支出

の算式で算出されますが、複雑な計算が必要です。そこで、次のような簡便な方法によって、算出することもできます。しかし、これはあくまでも概数となります。

> 簡便法による経常収支尻＝経常利益－運転資金負担の増加
> 　　　　　　　　　　　＋支出を伴わない費用（減価償却費等）

この算出は、「キャッシュフロー計算書」のなかの「営業活動によるキャッシュフロー」の「間接法」と、その考え方のベースは同一のものです。しかし、1つ異なる点は、<u>経常収支尻</u>が、損益計算書上の<u>経常利益</u>に対応する資金収支であるのに対して、キャッシュフロー計算書における<u>営業活動によるキャッシュフロー</u>は、<u>当期純利益</u>（ただし、投資活動を除く）に対応する資金収支であるということです。

(4) 経常収支尻と経常利益との乖離

経常収支尻は、損益計算書上の経常利益に対応する資金収支のバランスといえます。すなわち、仮に、掛売りや掛買いをまったく行わず、在庫をもたない企業があれば、減価償却費等の現金支出を伴わない費用と負債性引当金の目的支出等を調整することにより、「経常収支尻と経常利益は完全に一致

する」ことになります。

> 経常収支尻＝経常利益＋支出を伴わない費用－負債性引当金の目的支出

したがって、この原則をふまえて考えると、経常利益と経常収支尻との間に大きな乖離がある場合には、理論的には、次の5つの理由が考えられます。

① 前期に比べて当期の売上げが急増した場合

売上げの急増に伴って、当期末の売掛債権が前期末に比べて急増すると、その分経常収入が相対的に減少し、経常収支尻に大きな影響を与えます。

② 期末に売上げが急増した場合

前期末に比べて、当期末に売上げが急増すると、前期末比、当期末の売掛債権が急増します。その結果、経常収入が減少することになります。

③ シーズン商品や流行商品の場合

コンスタントに売上げがあがる通常の商品と異なり、売掛債権の残高に大きな変動を与えるためです。

④ 粉飾や不良資産の発生があった場合

売掛債権、棚卸資産および買掛債務を使った粉飾や、不渡手形など不良資産が発生すると、運転資金負担が増加し、経常収支尻に大きな影響を与えることになります。

⑤ その他正当な理由があった場合

たとえば、現金支出を伴わない費用（減価償却費等）が多額の場合には、経常収支尻が、経常利益よりも大きくなります。リース会社や製造会社など償却資産が大きい企業の場合には、乖離が大きくなることになります。

もし、取引先の経常収支尻と経常利益に大きな乖離がある場合には、上記5つのどれに該当するのかを確認することが必要です。

（注） 参考にした文献……和井内清（1983）『新版 経営分析を活用した資金の管理』清文社、P17

(5) 事例分析

株式会社 E (ゴム履物製造業、平成20年4月倒産)

〈例7〉 ㈱E 損益計算書 (単位:百万円)

	第10期	第11期
売上高	67,324	67,137
売上原価	56,363	57,233
売上総利益	10,961	9,903
販売費および一般管理費	10,681	11,127
営業利益	279	△1,224
営業外収益	1,268	1,290
営業外費用	1,948	2,040
経常利益	△400	△1,975
特別利益		1,993
特別損失	497	
税引前当期利益	△898	18
法人税および住民税		10
当期利益	△898	8
前期繰越利益	344	7
当期未処分利益	△553	15
(減価償却費)	(0)	(0)

㈱E 貸借対照表

（単位：百万円）

	第10期	第11期		第10期	第11期
現預金	5,026	2,476	支払手形	18,294	18,026
受取手形	2,686	3,998	買掛金	3,375	2,816
売掛金	5,094	4,648	短期借入金	14,552	21,433
棚卸資産	16,202	18,639	未払金	70	81
有価証券	3,304	3,543	未払費用	1,991	2,049
その他流動資産	5,723	10,102	預り金	2,555	2,589
貸倒引当金	△276	△276	（流動負債）	(40,838)	(46,995)
（流動資産）	(37,760)	(43,132)	長期借入金	22,379	21,563
（有形固定資産）	(15,960)	(15,990)	退職給付引当金	961	756
建物	5,170	5,096	（固定負債）	(23,340)	(22,320)
機械	3,689	3,914	資本金	866	866
車輌・工具	1,337	1,396	法定準備金	104	104
土地	5,231	5,183	積立金	2,454	1,893
建設仮勘定	532	399	未処分利益	△554	15
（無形固定資産）	(633)	(715)	（内当期利益）	(△899)	(8)
（投資等）	(12,695)	(12,358)	（資本）	(2,870)	(2,879)
（固定資産）	(29,288)	(29,063)			
資産合計	67,048	72,194	負債・資本合計	67,048	72,194

貸借対照表の脚注

受取手形割引高	25,892	25,740

（出所）末松義章『Credit & Law』商事法務研究会

① 経常収入の算出

ⓐ 売上収入

$$\underset{\text{第11期売上高}}{67,137\text{百万円}} - \{\underset{\underset{\text{受手　売掛金　割手}}{}}{\text{第11期売掛債権}}(3,998+4,648+25,740)$$

$$\underset{\underset{\text{受手　売掛金　割手}}{}}{\text{第10期売掛債権}} -(2,686+5,094+25,892)\}$$

$= 67,137 - (34,386 - 33,672)$

$= \underline{66,423}$百万円

第11期は前期と比べて、売上げは187百万円の減収（前期比99.7％）

でしたが、売掛債権残高が714百万円の増加となっており、その分だけ売上収入が減少しています。

ⓑ 営業外収入

貸借対照表上、未収収益と前受収益の記載がないので、第11期の営業外収益1,290百万円が、そのまま営業外収入となります。

ⓒ 経常収入の算出

したがって第11期の経常収入は次のとおりです。

```
    売上収入   営業外収入
    66,423  +   1,290   ＝67,713百万円
```

② 経常支出の算出

ⓐ 費　用

　　第11期売上原価　　第11期販・管費　　第11期営業外費用
　　　　57,233　　　＋　　11,127　　　＋　　2,040

　　＝70,400百万円

ⓑ 支払の生じない費用

第11期の減価償却の実施はありませんでした。また、引当金の繰入れの明細は不明なため、この項目はゼロとなります。

ⓒ 棚卸資産の増

　　第11期棚卸資産　　第10期棚卸資産
　　18,639百万円　－　16,202百万円　＝2,437百万円

ⓓ 買掛債務の増

　　　　第11期買掛債務　　　　　第10期買掛債務
　　（2,816百万円＋18,026）－（3,375＋18,294）
　　　買掛金　　支払手形　　　買掛金　　支払手形

　　＝20,842－21,669＝△827百万円

ⓔ 未払費用・前払費用の増

前払費用の明細が記載されていないので、未払費用の増加のみを計算する

と、

 第11期未払費用　第10期未払費用
 2,049百万円　－　　1,991　　＝<u>58</u>百万円

ⓕ　負債性引当金の目的支出

　退職給付引当金が大幅に減少（961百万円→756）しているので、戻入れや目的支出等があったと思われますが、引当金の繰入れが不明なため、この項目の算出はできません。

ⓖ　経常支出（費用支出）の算出

費用支出＝ⓐ費用
　　　　－ⓑ支払の生じない費用
　　　　＋ⓒ棚卸資産の増
　　　　－ⓓ買掛債務の増
　　　　＋ⓔ（前払費用の増－未払費用の増）
　　　　＋ⓕ負債性引当金の目的支出
　　＝ⓐ70,400百万円
　　　　－ⓑ0
　　　　＋ⓒ2,437
　　　　－ⓓ△827
　　　　＋ⓔ（0－58）
　　　　＋ⓕ0
　　＝73,606百万円

---

③　経常収支尻の算出

$$経常収支尻 = 経常収入 - 経常支出$$
$$= 67,713 - 73,606$$
$$= \triangle 5,893 百万円$$

経常利益△1,975百万円に比べて、かなりの資金がショートしていることがわかります。

さらに経常収支比率を算出すると、

$$経常収支比率 = \frac{経常収入}{経常支出} \times 100$$
$$= \frac{67,713}{73,606} \times 100$$
$$= 92.0\%$$

④　まとめ

㈱Eは、経常損失1,975百万円に比べて、経常収支尻△5,893百万円は、その欠損の幅が3,918百万円も大きいことになります。

この主な原因は、

売掛債権の増加	＋	714百万円
棚卸資産の増加	＋	2,437
買掛債務の減少	△	827
運転資金負担の増加	＋	3,978百万円

運転資金の変動による資金負担の増加によるものです。

すなわち、売上高がほぼ横ばいで推移しているなかで、資産に属する運転資金（売掛債権と棚卸資産）が増加し、一方で、負債（買掛債務）が減少するという、まさに粉飾の典型的なパターンとなっています。

⑤ 簡便法による経常収支尻算出

> 経常収支尻＝経常利益－運転資金負担の増加＋支出を伴わない費用

ここで、まず各期の運転資金負担を算出すると、

		第10期	第11期
売掛債権	売掛金	5,094	4,648
	受取手形	2,686	3,998
	割引手形	25,892	25,740
	小計	33,672百万円	34,386百万円
	棚卸資産	16,202百万円	18,639百万円
買掛債務	買掛金	3,375	2,816
	支払手形	18,294	18,026
	小計	21,669百万円	20,842百万円
運転資金負担金		28,204百万円	32,182百万円

（注）　運転資金負担＝売掛債権＋棚卸資産－買掛債務

したがって、運転資金負担の増加は、次のようになります。

　第11期　第10期
　32,182－28,204＝<u>3,978</u>百万円

なお、支出を伴わない費用（減価償却費）は発生していません。

> 簡便法による経常収支尻＝△1,975－3,978
> 　　　　　　　　　　　＝△5,953百万円

前掲の正式に算出した経常収支尻△5,893百万円とほぼ見合った数値となっています。今回の差60百万円は、主に未払費用の差58百万円を簡便法に

よる経常収支尻の計算に加味しなかった結果といえます。

⑥　株式会社Eの資金移動表（キャッシュフロー）

㈱Eの事例に基づいて、資金移動表を簡便法（なお、この簡便法は、筆者が実務上の必要性から考案したものです）で作成してみると次のようになります。

（単位：百万円）

		第11期
①	営業活動によるキャッシュフロー （経常収支尻）	△5,893
②	投資活動によるキャッシュフロー	△2,570
③	財務活動によるキャッシュフロー 　割引手形 　短期借入金 　長期借入金 　合　　計	 △152 6,881 △816 5,913
④	増資	―
⑤	差引き現預金の増減	△2,550

（注）　⑤＝①＋②＋③＋④

ここでいうところの簡便法とは、①の営業活動によるキャッシュフローが、前述の経常収支尻に該当しますので、これを適用します。

次に、③財務活動によるキャッシュフロー、④増資、⑤差引き現預金の増減等は、貸借対照表を前期と比較することによって算出されます。

したがって、⑤＝①＋②＋③＋④によれば、②の投資活動によるキャッシュフローは、次の算式によって、逆算することができます。

すなわち、②＝⑤－（①＋③＋④）となります。この方法を<u>簡便法</u>と称します。

この簡便法による算出方法では、投資活動によるキャッシュフローのなかに、当期中の社外流出（法人税等、配当金）や資産売却等が含まれています。

一方、営業活動によるキャッシュフローには支払利息、受取利息や受取配当金が含まれています。
　そこで、これを別のかたちで表しますと、次のようになります。

(単位：百万円)

資金調達	資金運用
借入増　　　5,913 現預金取崩し　2,550　⎱ 10,504 土地売却　　2,041	10,504　⎰ 営業活動による 　　　　　　赤字　　　5,893 　　　　　　投資活動　　4,611 　　　　　　⎰ (その他) 　　　　　　⎱ 流動資産　4,379 　　　　　　　有価証券　　239 ⎱ 　　　　　　社外流出　　　　0

以上について、補足説明をすると、
① 営業活動による赤字（経常収支尻の赤字）は、主に借入金の借増しによってカバーされています。
② 投資活動のなかの"その他流動資産"の増加は、現預金の取崩しや土地売却益等によってカバーされています。その他流動資産の内容は、関係会社への貸付金が主なものと思われます。
③ 土地売却による資金調達は、次のように算出します。

　第11期土地売却益　第10期土地　第11期土地
　　1,993百万円　＋　(5,231　－　5,183)
　＝1,993＋48
　＝2,041百万円

④ 社外流出は、前期決算すなわち第10期の損益計算書中の「法人税」と、「配当金」が、それに該当します。なぜ前期なのかというと、株主総会後に支払われるために、当期における社外流出となるのが、その理由です。ただし、㈱Eでは、欠損のため、社外流出はありませんでした。

> ≪まとめ≫
>
> ㈱Eは、営業活動におけるキャッシュフローの大幅な赤字（△5,893百万円）と、不良性資産の発生（4,379百万円）に伴う多額の資金不足をカバーするために、
> ① 借入金の借増し　5,913百万円
> ② 現預金の取崩し　2,550百万円
> ③ 土地の売却　　　2,041百万円
> 等によって、合計10,504百万円の資金を調達したことになります。
>
> 資金の主要な調達源である「営業活動によるキャッシュフロー（経常収支尻）」が、逆にマイナスとなっているのは、㈱Eのキャッシュフロー上の大きな問題点といえます。

(6) キャッシュフローを改善するための主なポイント

キャッシュフローを改善するためには次の6つの方策があります。
① 売上げを伸ばす。
② 総利益率を改善する。
③ 経費を削減する。
④ 代金の回収を早める（一方で、支払を延ばす）。
⑤ 在庫の回転を早め、負担を小さくする。
⑥ 資産のリストラを行う。

①～⑤の項目は、すべて「営業活動によるキャッシュフロー」すなわち経常収支尻を改善するための手法です。

① 売上げを伸ばす

売上高は、経常収入における最も大きな項目ですので、これが伸びれば経常収入の増加に大きなインパクトを与えることになります。

ただし、押込販売や安値販売など正常ではない販売、資金繰りをつけるた

めだけの販売（架空売上げ等）等は、逆に経常収支尻を悪化させます。

　ここでいう「売上げを伸ばす」ということは、正常なかたちでの増収を意味しているのは当然のことです。

② 　総利益率を改善する

　総利益率が改善されるということは、その分売上原価が小さくなることを意味します。

　費用支払のなかの主要な項目である売上原価が相対的に減少すれば、経常支出の減少に大きく貢献することになります。

　たとえば、

　ⓐ　付加価値の高い商品の扱いを増加させたり

　ⓑ　原材料の歩留りを高めたり

　ⓒ　少しでも安い商品や原材料を購入する

等の方策が有効となります。

③ 　経費を削減する

　費用支払のなかにある「販売費・一般管理費」および「営業外費用のなかにある支払利息等」等の経費の削減は、費用支払を減少させます。

　その結果、経常支出をその分だけ縮小させ、経常収支尻の改善に貢献することになります。

④ 　代金の回収を早める（一方で、支払を延ばす）

　代金の回収を早めると、売掛債権の残高が縮小していきます。その結果、売上収入が増加することになります。

　一方、支払を延ばすということは、買掛債務の残高が増加することを意味します。したがって、現金支出が繰延べされますので、結果として、経常支出が減少し、経常収支尻が改善されることになります。

⑤ 　在庫の回転を早め、負担を小さくする

　棚卸資産の増加は費用支払の増加につながります。在庫負担が小さくなれば、資金負担が減少し、経常支出が縮小されます。その結果、経常収支尻が改善されることになります。

⑥ 資産のリストラを行う

　売上げをあげることに貢献していなかったり、あまり貢献していない、遊休資産や不良性の資産等のリストラを行えば、固定化した資金を回収することができます。その結果、投資活動によるキャッシュフローが改善されますが、それだけではなく、支払利息等の費用支払も改善されます。

　遊休資産や不良債権のリストラは、キャッシュフロー全体の改善に役立つものといえます。

　しかしながら、過度の資産リストラ、すなわち、営業活動によるキャッシュフローの不足やマイナスをカバーするために、売上げに貢献している資産まで売却をしてしまうと、営業活動によるキャッシュフローに悪い影響を与えてしまうこともあります。

【参考文献】

① 金児昭（2012）『損益トントン点の経営が世界一やさしくわかる本』税務経理協会
② 青木茂男（2012）『四訂版 要説経営分析』森山書店
③ 桜井久勝（2012）『財務会計講義 第13版』中央経済社
④ 谷武幸／桜井久勝編著（2011）『1からの会計』中央経済社
⑤ 和井内清（1983）『新版 経営分析を活用した資金の管理』清文社
⑥ 末松義章（1995）『営業マンのための決算書の読み方』総合法令
⑦ 末松義章（2002）『入門の経営 倒産のしくみ』日本実業出版社
⑧ 末松義章（2011）『倒産・粉飾を見分ける財務分析のしかた 第4版』中央経済社

びっくりするほど経営分析がよくわかる本

平成25年2月20日　第1刷発行

監修者　金　児　　　昭
著　者　末　松　義　章
発行者　倉　田　　　勲
印刷所　三松堂印刷株式会社

〒160-8520　東京都新宿区南元町19
発 行 所　一般社団法人　金融財政事情研究会
　編集部　TEL 03(3355)2251　FAX 03(3357)7416
　販　売　株式会社きんざい
　販売受付　TEL 03(3358)2891　FAX 03(3358)0037
　URL http://www.kinzai.jp/

・本書の内容の一部あるいは全部を無断で複写・複製・転訳載すること、および磁気または光記録媒体、コンピュータネットワーク上等へ入力することは、法律で認められた場合を除き、著作者および出版社の権利の侵害となります。
・落丁・乱丁本はお取替えいたします。定価はカバーに表示してあります。

ISBN978-4-322-12169-8